Gisela Schmid-Schönbein
**Didaktik und Methodik
für den Englischunterricht**

LEHRER-BÜCHEREI
GRUNDSCHULE

Herausgeber

Gabriele Cwik war Rektorin an einer Grundschule. Zurzeit arbeitet sie als pädagogische Mitarbeiterin im Ministerium für Schule und Weiterbildung in Nordrhein-Westfalen im Referat für Presse, Öffentlichkeitsarbeit, Bildungsportal und Reden.

Dr. Klaus Metzger ist Regierungsschulrat, zuständig für alle fachlichen Fragen der Grundschule und die zweite Phase der Lehrerausbildung für Grund- und Hauptschulen im Regierungsbezirk Schwaben/ Bayern.

Die Autorin
Prof. Dr. Gisela Schmid-Schönbein (Aachen) bildete am Institut Anglistik der Universität Koblenz-Landau Englischlehrkräfte für die Grundschule aus. Sie ist Herausgeberin des Grundschulmagazins Englisch – *The Primary English Magazine*.

Gisela Schmid-Schönbein

Didaktik und Methodik für den Englischunterricht

Kompakter Überblick
Ziele – Inhalte – Verfahren
Für die Klassen 1 bis 4

Die in diesem Werk angegebenen Internetadressen haben wir geprüft (Redaktionsschluss April 2008). Dennoch können wir nicht ausschließen, dass unter einer solchen Adresse inzwischen ein ganz anderer Inhalt angeboten wird.

Nicht in allen Fällen war es uns möglich, den Rechteinhaber zu ermitteln. Berechtigte Ansprüche werden selbstverständlich im Rahmen der üblichen Vereinbarungen abgegolten. Wir bitten um Verständnis.

www.cornelsen.de

Bibliografische Information: Die Deutsche Bibliothek verzeichnet diese Publikation in der Deutschen Nationalbibliografie; detaillierte bibliografische Daten sind im Internet über http://dnb.ddb.de abrufbar.

Dieses Werk folgt den Regeln der deutschen Rechtschreibung, die seit August 2006 gelten.

5.   4.   3.   2.   1.   Die letzten Ziffern bezeichnen
12 11 10 09 08 Zahl und Jahr der Auflage.

© 2008 Cornelsen Verlag Scriptor GmbH & Co. KG, Berlin
Das Werk und seine Teile sind urheberrechtlich geschützt. Jede Nutzung in anderen als den gesetzlich zugelassenen Fällen bedarf deshalb der vorherigen schriftlichen Einwilligung des Verlags.
Hinweis zu §§ 46, 52a UrhG: Weder das Werk noch seine Teile dürfen ohne eine solche Einwilligung eingescannt und in ein Netzwerk eingestellt werden oder sonst öffentlich zugänglich gemacht werden. Dies gilt auch für Intranets von Schulen und sonstigen Bildungseinrichtungen.
Redaktion: Marion Clausen, Göttingen
Herstellung: Brigitte Bredow, Berlin
Umschlaggestaltung: Claudia Adam, Darmstadt unter Verwendung eines Fotos von Grit Bergner, Stadtroda
Satz: FROMM MediaDesign, Selters/Ts.
Druck und Bindung: fgb · freiburger graphische betriebe
Printed in Germany
ISBN 978-3-589-05135-9

Gedruckt auf säurefreiem Papier,
umweltschonend hergestellt aus chlorfrei gebleichten Faserstoffen.

Inhalt

Vorwort 7

1 Eine erste Orientierung 9
Was bringt dieser Band – für welche Adressaten? 9
Fundierte Didaktik für überzeugende Methodik 9
Frühbeginn: von den Anfängen bis heute 11
Zur Situation in den Bundesländern 18

2 Lernvoraussetzungen 21
Die englische Sprache im Alltag der Kinder 21
Lernpsychologische Voraussetzungen 24
Migrantenkinder: Erfolge und Lernschwierigkeiten 31
Kooperation mit dem Elternhaus 33
Erkenntnisse aus Evaluationen 34

3 Ziele und Inhalte des Frühbeginns 37
Das übergeordnete Lernziel: *A positive mind-set* 37
Stärkung des Selbstkonzepts in Bezug auf Sprachenlernen 39
Die Lehrkraft als sprachhandelnder *Inputprovider* 40
Globalisierung als Inhalt des handlungsorientierten Klassenzimmers 42
Language Awareness als konstruktive Neugier 44
Cultural Awareness und fremd-kulturspezifische Inhalte 45
Vielzitiert: der „Gemeinsame Europäische Referenzrahmen" (GER) 48
Kompetenzbereiche in den Lehrplänen der Bundesländer 50
Die grundlegende Bedeutung des Hörverstehens 52
Lesen und Schreiben in der Fremdsprache 54
Ergebnisorientierung als Zielvorgabe 60

4 Methodische Prinzipien und Verfahren 63
Sprache, Sprache und noch mal Sprache 63
Aufgeklärte Einsprachigkeit 65

Die Handpuppe: ein unersetzlicher Dialogpartner 68
Semantisierung durch Mimik, Gestik, Körpersprache 70
Frühe Aussprachenschulung und Echomethode 73
Lieder, Reime, *chants* und Spiele 76
Fehlertoleranz und Fehlerkorrektur 80
Lehrwerke als Fundgrube und Leitmedium 83
Authentische englischsprachige Kinderbücher 85
Storytelling als Hilfe zum ganzheitlichen Strukturerwerb 91
Rollenspiel als soziales Sprach-Probehandeln 95
Requisitien und Bilder als Motivation zum Sprachhandeln 98
Partnerarbeit, Gruppenprojekte, Stationenlernen 101
Computernutzung und Internetgebrauch 105
Portfolioarbeit als Weg der Selbsteinschätzung 107
Formen der Lernstandsermittlung 111
Ein Unterrichtsbeispiel 115

5 Zur Weiterführung in Klasse 5 121
Erwartungen der Kinder 121
Kooperation mit den weiterführenden Schulen 122

6 Professionelle Formen der eigenen Fortbildung 127
Newsletters von *BBC* und *British Council* 127
Fachzeitschriften mit CDs 128
Qualifizierende Weiterbildung im Fernstudium 129
Englandaufenthalte – von COMENIUS unterstützt 130
Kongresse – *at home and abroad* 131
Ferien als Fortbildung 131

Anhang 133
Classroom Language for Praise and Encouragement 133
Übersicht der Lehrwerke für den Englischunterricht in der Grundschule 136
Glossar 137
Bibliografie 146
Register 155

Vorwort

Der Fremdsprachenunterricht wurde zu Beginn des 21. Jahrhunderts angesichts entscheidender Veränderungen in Europa und der Welt immer wichtiger. Eine der Reaktionen auf diese neuen Herausforderungen war für die Bildungspolitik aller sechzehn Bundesländer das intensive Bemühen, früher als in der Sekundarstufe mit dem Fremdsprachenunterricht zu beginnen.

Solche Ansätze hatten sich in der Vergangenheit immer dann als erfolgreiche bildungspolitische Neuerung in der Primarstufe herausgestellt, wenn die notwendigen Voraussetzungen gegeben waren und auch ein grundschulspezifischer und altersgemäßer Unterrichtsstil für die Fremdsprache gefunden wurde. *Playway to English*, *Bumblebee*, *Sunshine* oder *Colour Land* heißen z. B. programmatisch Lehrwerke für den Englischunterricht in der Grundschule, die damit den Anteil der spielerischen Vermittlung beim Lernen der Fremdsprache andeuten.

Für die meisten Lehrkräfte an den Grundschulen ist der Englischunterricht Neuland. Sie können auf der Basis ihres eigenen Fremdsprachenunterrichts während ihrer Schulzeit keine Vorstellung davon haben, wie sich erfolgreicher Fremdsprachenbeginn in der Grundschule vollzieht, welche didaktischen Überlegungen wichtig sind und in welcher Weise Lernerträge und Kontinuität gesichert sein sollten. Um ihnen dieses Wissen in einem kompakten Überblick anzubieten, wurde dieses Buch geschrieben.

Der vorliegende Band konzentriert sich auf das Fach Englisch in der Grundschule, ohne zu ignorieren, dass es auf dem Weg zur Mehrsprachigkeit in Europa auch Gründe für eine andere Sprachenwahl geben kann. Wenn hier die Grundlagen des Frühbeginns Englisch vermittelt werden, geht es nicht nur um Fakten. Es sollte vielmehr auch etwas von der Begeisterung anklingen, die guter Englischunterricht in der Grundschule bei den Kindern, aber auch bei den vermittelnden Lehrkräften auslösen kann. Einen Einblick darin gibt das Beispiel einer Unterrichtseinheit am Ende von Kapitel 4, das kenntnisreich von KATHRIN URBAN, CLAUDIA WIEDERSTEIN und CARSTEN SIMONIS in ihren Englischklassen erprobt wurde. Dafür sei ihnen herzlich gedankt.

Auf den Seiten 137 bis 145 finden Sie außerdem ein Glossar mit den spezifischen Fachbegriffen zur Didaktik und Methodik des Englischunterrichts, das Ihnen die Beschäftigung mit dem Thema erleichtern soll. Außerdem sind dort die Lehrwerke für den Englischunterricht an Grundschulen aufgelistet (S. 136).

Meine eigenen Kinder waren der erste und wichtigste Grund für mein Interesse an frühem Fremdsprachenlernen in Praxis und Forschung. Ihnen und allen anderen Kindern in Kindergärten und Grundschulen, mit denen es eine Freude war, Englisch zu lernen, sei herzlich gedankt für alle Anregungen und Erfahrungen. Last, but not least: Mein Kollege Helmut Sauer, die Redakteurin Marion Clausen und mein Ehemann Günter Möller haben durch ihre kompetente und umsichtige Unterstützung dazu beigetragen, die Arbeit an diesem Band als erfreulich zu empfinden. Ihnen allen ein großes DANKE sowie Lea, Paul und Tim einen guten Start in ihre mehrsprachige Zukunft.

Gisela Schmid-Schönbein
Aachen, im April 2008

1 Eine erste Orientierung

Was bringt dieser Band – für welche Adressaten?

In den einzelnen Bundesländern sieht die Aus- und Fortbildung von Studierenden und Lehrkräften für Englisch in der Grundschule noch sehr unterschiedlich aus. Dieses Buch soll daher in kompakter Form und mit illustrierenden Beispielen aufzeigen:
- welche Einsichten in der Entwicklung des Frühbeginns inzwischen gewonnen wurden,
- welche Erkenntnisse der fachdidaktischen Forschung vorliegen,
- welche Verfahren sich aus welchen Gründen für die Unterrichtspraxis bewährt haben und
- welche methodisch sinnvollen Formen der Vermittlung es gibt.

Adressaten des Bandes sind somit:
- Studierende der Grundschulpädagogik oder Anglistik, die sich in einem Studiengang mit dem Schwerpunkt „Frühbeginn Englisch" befinden,
- Studierende, die sich in Zusatzeinheiten oder Teilstudiengängen für dieses spezielle Gebiet des Englischunterrichts qualifizieren möchten,
- bereits ausgebildete Lehrkräfte in der Grundschule, die Interesse am Frühbeginn haben, gute Englischkenntnisse mitbringen und sich über eine Weiterbildung für dieses spezielle Unterrichtsfeld qualifizieren wollen.

Fundierte Didaktik für überzeugende Methodik

Von Methodik hat jedermann eine gewisse Ahnung und der Begriff lässt sich leicht in Erinnerung an die eigene Schulzeit durch die Vorstellung von Wortschatzarbeit, Texterschließung, Frontalunterricht, Projektarbeit oder Unterrichtsgespräch illustrieren. Dagegen ist der Begriff Didaktik weit weniger präzise in der Vorstellung und eigenen Begrifflichkeit vorhanden.

Das Fremdwörterbuch in der Duden-Reihe (2007) bietet drei Definitionen an, zunächst: „Didaktik [ist die] Lehre vom Lehren und Lernen". Abgesehen davon, dass dies – zumindest zur Hälfte – ein Zirkelschluss ist, wird hier die essentiell notwendige Forschung in der „Unterrichtslehre" (so die zweite Definition) nicht erwähnt – als gäbe es eine „Lehre" ohne Forschung. Erst die dritte aufgeführte Definition hilft weiter: Didaktik ist die „Theorie der Bildungsinhalte, Methode des Unterrichtens", wobei unklar bleibt, ob „Methode des Unterrichtens" ein Unterpunkt zu „Theorie der Bildungsinhalte" ist oder ein damit verbundenes Arbeitsfeld.

Angesichts solcher Unklarheiten empfiehlt es sich, bei den Fachleuten nachzusehen, und zwar im Kontext dieses Buches am besten gleich bei einem Fachdidaktiker für den Englischunterricht. Der Herausgeber von „Englisch lernen und lehren – Didaktik des Englischunterrichts", JOHANNES-PETER TIMM (1998), definiert im Vorwort folgendermaßen:

> „[...] Didaktik des Englischunterrichts versteht sich als eine die Praxis reflektierende, wissenschaftlich fundierte Theorie des Fremdsprachenunterrichts, aus der begründete Vorschläge und Empfehlungen für die Gestaltung von Englischunterricht [...] von der Primarstufe bis zur Oberstufe des Gymnasiums abgeleitet werden".

In dieser Definition erscheinen zwei wesentliche Begriffe, die aufeinander bezogen sind: einmal die durch Forschung wissenschaftlich fundierte THEORIE und zum anderen die PRAXIS, die von der Forschung in ihren Fragestellungen überprüft wird. Beide, die Theorie und die Praxis, sind also aufeinander angewiesen und stehen im wechselseitigen, permanenten Dialog. Dabei können von der Praxis an die Forschung Fragen gestellt werden, etwa der Art: „Welche fremdsprachlichen Fertigkeiten, welche Kompetenzen können am Ende der Grundschulzeit erwartet werden?" Dabei müssen stets die Voraussetzungen wie Art und Umfang des Frühbeginns genau definiert werden.

Es können aber auch von der Forschung Fragen an die Praxis gestellt werden, etwa in der Art: „Wie führt man *Storytelling* durch? Welche Voraussetzungen sind dafür notwendig? Welche fremdsprachlichen Erträge lassen sich durch *Storytelling* erreichen?" Zweifellos ist zur Beantwortung dieser Fragen empirische Forschung direkt in den Schulen notwendig. Nach Abschluss und Auswertung des Forschungsvorhabens können dann wiederum „begründete Vorschläge und Empfehlungen für die Gestaltung von Englischunterricht" an die Lehrenden zurückgegeben werden, wie in der Definition von TIMM aufgeführt. Theorie und Praxis in der Didaktik sind daher auch als eine „reziproke Einheit" bezeichnet worden, das heißt, sie sind unauflöslich in ihren Fragestellungen aufeinander bezogen. In der Aussage gleich, nur etwas abstrakter formuliert, finden sich diese Gedanken auch in folgender Formulierung:

> „Fachdidaktik ist die Wissenschaft vom fachspezifischen Lehren und Lernen innerhalb und außerhalb der Schule. Im Rahmen ihrer Forschungsarbeiten befasst sie sich mit der Auswahl, Legitimation und der didaktischen Rekonstruktion von Lerngegenständen, der Festlegung und Begründung von Zielen des Unterrichts, der methodischen Strukturierung von Lernprozessen sowie der angemessenen Berücksichtigung der psychischen und sozialen Ausgangsbedingungen von Lehrenden und Lernenden. Außerdem befasst sie sich mit der Entwicklung und Evaluation von Lehr-Lernmaterialien." (KVFF 1998, S. 13–14)

In dieser Definition von Fachdidaktik tauchen Bedingungen auf, die bisher nicht erwähnt wurden: nämlich die psychische und soziale Ausgangslage der Lehrenden und Lernenden im Lehr- und Lernprozess. Diese müssen aber bei didaktischen Fragen nach Lernbedingungen immer mit berücksichtigt werden. Außerdem wird noch ein wichtiges Arbeitsfeld der Fachdidaktik erwähnt, nämlich die Beteiligung an der Entwicklung von Unterrichtswerken und Unterrichtsmaterialien für den Englischunterricht und die Überprüfung im Hinblick auf das Lernergebnis. Auch dies kann wieder nur direkt im Unterricht, also in der Schule geschehen.

Nur wenn alle Bedingungen für den Englischunterricht an Grundschulen bedacht und diskutiert worden sind, kann es „begründete Empfehlungen und Vorschläge" für eine überzeugende, methodische Gestaltung der Praxis geben.

Frühbeginn: von den Anfängen bis heute

Der Fremdsprachen-Frühbeginn hat eine weitaus längere Geschichte, als man vermuten könnte. So wird es für historisch Interessierte eine Fundgrube sein, bei KUBANEK-GERMAN (2000) nachzulesen, welche Ideen z. B. vier Klassiker der Pädagogikgeschichte wie JOHANN AMOS COMENIUS, JOHN LOCKE, JEAN-JACQUES ROUSSEAU und JOHANN HEINRICH PESTALOZZI zum Frühstart in einer Fremdsprache (und der Kritik daran) entwickelten. Dort ist auch nachzulesen, wie der Frühbeginn bei den Schulreformern der Spätaufklärung oder aus der Perspektive der Reformpädagogen zu Beginn des neunzehnten Jahrhunderts gesehen wurde. In den Freien Waldorfschulen z.B. gehörte der Frühbeginn mit Englisch/Französisch vom ersten bzw. zweiten Schuljahr an seit 1920 zum Programm. Die Waldorfschulen knüpften damit an erste Versuche in den USA mit Fremdsprachenlernen im Vorschul- und Primarschulalter an.

Die politischen, gesellschaftlichen und technischen Veränderungen in den 50er- und 60er-Jahren führten in den USA zu einem *foreign language boom* in Schulen und Hochschulen, und das besonders intensiv durch den sogenannten „Sputnikschock", hervorgerufen durch den ersten Start eines Weltraumsatelliten der damaligen UdSSR und den damit dokumentierten technologischen Vorsprung. Dazu gehörten die unter dem Namen *FLES (Foreign Languages in Elementary Schools)* bekannt gewordenen Grundschulprogramme, die zum Nutzen der politisch gewünschten Wettbewerbsfähigkeit der Nation gefördert wurden. In der UdSSR wurden Schulen mit vermehrtem Fremdsprachenunterricht eingerichtet, in denen auch Sachfächer in der Fremdsprache unterrichtet wurden. In England kam es zu einem groß angelegten Versuch von *French in the Primary School*, an dessen Ende dann allerdings eine negative Empfehlung stand. Für die Bundesrepublik Deutschland gaben zwei UNESCO-Konferenzen wesentliche Impulse, deren theoretische Grundlagen der international bekannte kanadische Fremdsprachendidaktiker H.H. STERN auf einer UNESCO-Konferenz 1962 in Hamburg vorstellte und in seinem Bericht *Foreign Languages in Primary Education – The Teaching of Foreign or Second Languages to Younger Children* 1967 veröffentlichte.

Durch solche Anstöße entstanden an deutschen Hochschulen einige Forschungsgruppen, die die Anfänge des frühen Fremdsprachenlernens wissenschaftlich begleiteten, insbesondere in Niedersachsen und Hessen. Diese erste Hochphase des Frühbeginns hatte jedoch, im Gegensatz zu späteren Zielsetzungen, andere Prioritäten. In der Argumentation für den Frühbeginn spielte zwar die vieldiskutierte Curriculum-Reform eine Rolle. Entscheidend war aber die erhoffte Leistungsverbesserung beim Fremdsprachenlernen. Rückblickend schreibt der Leiter des ersten offiziellen Versuches in Nordrhein-Westfalen, HELMUT SAUER:

> „Das dominante Ziel der Versuche der 60er- und 70er-Jahre galt der Prüfung der Möglichkeiten, durch die Nutzung der Fähigkeiten des Kindesalters die Endleistungen fremdsprachlichen Könnens zu verbessern und zu steigern. Fachübergreifende Ziele wie Erziehung zu Toleranz und Völkerverständigung, Relativierung und Erweiterung des muttersprachlich begrenzten Weltbildes galten auch, waren aber sekundär." (SAUER 1993, S. 85)

Von den altersspezifischen Fähigkeiten war man umso überzeugter, da sich im Bericht von H.H. STERN (1967) zunächst entwicklungs- und lernpsychologische Argumente fanden, die unterstrichen, dass Kinder im Grundschulalter aufgeschlossen sind für sprachliche Erfahrungen und Aktivitäten. Bis zum achten Lebensjahr lernen sie stärker imitativ, ehe dies vom zunehmend kognitiven Lernen abgelöst wird. Die Fremdsprachendidaktik war außerdem zu dieser Zeit in starkem Maße von der Lernpsychologie des Behaviorismus bestimmt. Man meinte, im Fremdsprachenunterricht Lernerfolge über die häufigen Wiederholungen von konditionierenden *pattern drills* erreichen zu können, also durch das Einschleifen von Satzbaumustern. Das entsprach in der Theorie den Vorstellungen vom imitativen Lernen. Noch ernsthafter erscheinende Begründungen, nämlich solche aus einem naturwissenschaftlichen Bereich, meinte man bei den kanadischen Neurophysiologen und Hirnforschern PENFIELD und ROBERTS Ende der 60er-Jahre zu finden. Aufgrund ihrer empirischen Befunde sprachen sie von der „Plastizität" des kindlichen Gehirns und propagierten, dass die beste Zeit für das Fremdsprachenlernen die frühen Lebensjahre vor der Pubertät seien. So entstand die *optimum age hypothesis*. Die Hirnforscher hatten festgestellt, dass Kinder mit Verletzungen ihrer Sprachzentren im Gehirn in der Zeit nach einer Operation sehr viel schneller und besser ihre Sprach- und Sprechfähigkeiten wiedererlangten als Erwachsene. Diese Befunde ließen die Vorstellung einer *biological clock* nahelegen, die mit Einsetzen der Pubertät abliefe, sodass auch das Fremdsprachenlernen am besten und erfolgreichsten vorher stattfände, *the earlier the better*.

Alle diese Argumentationen unterstützten die Entwicklung der ersten Hochphase des Frühbeginns in den 70er-Jahren. Die Schulversuche aus jener Zeit und ihre wissenschaftliche Begleitung sind dokumentiert worden, z.B. von SAUER 1975, DOYÉ und LÜTTGE 1977 und HELLWIG 1989. Als bedeutendster Forschungsbericht wird noch immer der Abschlussbericht zum Braunschweiger Schulversuch (DOYÉ und LÜTTGE 1977) angesehen, der stufenübergreifende Leistungsmessungen enthielt, für die grundschulgemäße Formen entwickelt wurden. Der folgende Bilderstreifen eines *Multiple-choice*-Leistungstests zum Sprachverständnis zeigt ein Beispiel aus dem damals entwickelten Verfahren.

Mrs Black is putting on her coat because the weather is bad.

Abb. 1: Testaufgabe, aus: P. DOYÉ, „Fremdsprachenerziehung in der Grundschule", 1993

Rückblickend hat DOYÉ die eindrucksvollen Ergebnisse des damaligen Forschungsprojektes zusammenfassend dargestellt:
1 Die Schüler, die im 3. Schuljahr mit dem Englischunterricht begonnen hatten, waren den Schülern, die im 5. Schuljahr angefangen hatten, langfristig überlegen. Ihre Leistungen unterschieden sich am Ende des 5., 6. und 7. Schuljahres in allen Leistungsbereichen von denen ihrer vergleichbaren Kontrollgruppen.
2 Signifikante Unterschiede ergaben sich auch bei den nach drei Sekundarschularten (Gymnasium, Realschule, Hauptschule) getrennten Vergleichen der Englischleistungen der Frühbeginn-Schüler mit denen zum ‚normalen' Zeitpunkt, d.h. in der 5. Klasse Beginnenden.
3 Der Gewinn der Fremdsprache Englisch ging nicht zu Lasten der Leistungen in anderen Fächern, vor allem Deutsch und Mathematik. (DOYÉ 1990, S. 27)

Bedauerlicherweise sind diese positiven Versuchsergebnisse zum damaligen Zeitpunkt weder in der bildungspolitischen noch in der fachdidaktischen Diskussion entsprechend aufgenommen worden; sie haben auch zu keiner Institutionalisierung des Frühbeginns geführt. Als Gründe dafür werden in der Literatur eine mögliche Reformmüdigkeit nach den entwicklungsintensiven späten 60er- und frühen 70er-Jahren angeführt; auch habe ein sprachenpolitisches Gesamtkonzept gefehlt, in dem der Frühbeginn an den Grundschulen seinen eigenen, begründeten Ort gehabt hätte.

Ein allerdings wesentliches Ergebnis der frühen Studien für unseren heutigen Unterricht hält SAUER fest, wenn er sagt: „Die Schulversuche führten eindeutig zu dem Ergebnis, dass es für das schulische Fremdsprachenlernen keine allgemeine Überlegenheit des frühen Kindesalters gibt. Der auch heute noch immer wiederholte Satz ‚je früher desto besser' kann so allgemein nur für das natürliche Fremdsprachenlernen mit hohen Kontaktzeiten zur Zielsprache gelten." (SAUER 2000a, S. 3).

Betrachtet man die Kontaktzeit mit der englischen Sprache in den Klassen 3 und 4, so kommt man durchschnittlich bei zweimal 45 Minuten in 40 Unterrichtswochen pro Jahr auf nur 120 Zeitstunden insgesamt. Zum Vergleich: Ein deutschsprachiges Kind hätte bei einem Aufenthalt in einem englischsprachigen Land im gleichen Zeitraum rund 5800 Stunden Kontakt mit der englischen Sprache. *Wunder sind also nach nur zwei Grundschuljahren nicht zu erwarten.*

Die 90er-Jahre des letzten Jahrhunderts wurden eingeläutet durch umwälzende politische und wirtschaftliche Veränderungen. Zuvor war 1989 mit den politischen Veränderungen der Öffnung von Osteuropa, dem Fall der Berliner Mauer und der Wiedervereinigung Deutschlands eine allgemeine Aufbruchstimmung entstanden. Noch magischer aber wirkte die damals sogenannte „Perspektive 2000" mit dem Beschluss der Europäischen Gemeinschaft – so hieß die Europäische Union (EU) noch –, zur Jahreswende 1992/93 den gemeinsamen Binnenmarkt als Vorläufer der EU zu realisieren. Dass die Voraussetzungen für eine europäische Fremdsprachenpolitik auch vertraglich zwischen den EU-Staaten festgelegt wurden, lässt sich aus dem „Maastrichter Vertrag" von 1992 und aus der erweiterten Fassung von 1997 ablesen, die als „Vertrag von Amsterdam" bekannt wurde. Artikel 149 betont zunächst die weiterhin zu erhaltende Verantwortung der Mitgliedstaaten für die Lehrinhalte und die Gestaltung des Bildungssystems durch den jeweiligen Staat sowie die zu schützende Vielfalt der Kulturen und Sprachen. Darüber hinaus sei „die Entwicklung der europäischen Dimension im Bildungswesen" zu fördern, insbesondere „durch Erlernen und Verbreitung der Sprachen der Mitgliedstaaten".

„Lernen für Europa" ist daher seit den frühen 90er-Jahren das Motto der Diskussion um den Frühbeginn. Zwar führt diese Zielvorstellung auch immer wieder zum „Sprachenstreit" unter den Didaktikern und Fremdsprachenforschern, der aus der Forderung nach europäischer Sprachenvielfalt resultiert. Romanisten und die Vertreter der übrigen Nachbarsprachen argumentieren heftig gegen die Dominanz des Englischen und dagegen, dass Fremdsprachenunterricht in der Grundschule häufig als Englischunterricht anzutreffen ist. Mit dieser Diskussion hat sich KLIPPEL (2000) auseinandergesetzt und sie resümiert:

"Elternwille, Weltgeltung, Lehrerqualifikationen, Schülerinteressen, leichter Einstieg – alle diese Aspekte sprechen für Englisch in der Grundschule. Um jedoch das bildungspolitische Ziel der Mehrsprachigkeit zu unterstützen, wäre es angebracht, unser Sprachenkonzept für Primar- und Sekundarstufe generell zu überdenken. Englisch in der Grundschule könnte der Weg zur Mehrsprachigkeit gerade dann sein, wenn durch das frühere Einsetzen des Englischunterrichts Zeit in der Sekundarstufe gewonnen werden könnte, um mehr und andere Sprachen zu lernen." (KLIPPEL 2000, S. 14/15)

Somit kann der Frühbeginn Englisch durchaus ein „Lernen für Europa" sein, nicht nur als positiv erlebter Einstieg in das Fremdsprachenlernen überhaupt und damit als Wegbereiter für das Lernen weiterer Fremdsprachen. Vielmehr ist er als Antwort auf den sehr erfolgreichen Englischunterricht in jenen europäischen Ländern zu sehen, die pragmatisch auf Englisch setzen und so die Kommunikationsmöglichkeiten ihrer Sprecher innerhalb Europas sichern. Dazu gehört z.B. Norwegen, das ebenso wie Österreich Englisch ab der ersten Klasse eingeführt hat. Angebote für das Grundschulalter finden sich mittlerweile quer durch Europa, von Portugal bis Polen, von Island bis zur Türkei, von Rumänien bis zum Baltikum.

Einen großen und für die Mitte des ersten Jahrzehnts des 21. Jahrhunderts gültigen Forschungsbericht legten im Auftrag der Europäischen Kommission die Autoren EDELENBOS/JOHNSTONE/KUBANEK mit Beispielen aus 30 Ländern vor: http://ec.europa.eu/education/policies/lang/doc/young_de.pdf. Sie stellten Forschungsberichte zur Didaktik des Fremdsprachen-Frühbeginns aller Mitgliedstaaten vor und fassten die pädagogischen Prinzipien im europäischen Frühbeginn und die wichtigsten Erkenntnisse zusammen. Dazu gehören (auszugsweise zitiert; vgl. S. 10/11 des Forschungsberichtes):

- „Frühes Fremdsprachenlernen ist dem späteren Beginn des Fremdsprachenunterrichts vorzuziehen.
- Voraussetzung ist eine lernunterstützende Umgebung und Anschluss an das Gelernte von Jahr zu Jahr sowie beim Übergang auf weiterführende Schulen.
- Die kindliche Motivation scheint hauptsächlich intrinsisch zu sein, es bestehen einige Vorschläge, wie diese erweitert und weiterentwickelt werden könnte.
- Es ist von großer Bedeutung, Kinder über das Produzieren vorgefertigter Sprachäußerungen hinaus zu fördern, es gibt in der Forschung einige Ansätze, wie dies erreicht werden kann.

- Positive (Ermutigung) oder korrigierende Rückmeldungen sind für die Verbesserung des sprachlichen Systems der Schüler von großer Bedeutung.
- Es ist von großer Bedeutung, Kinder in jungen Jahren an das Schreiben und Lesen heranzuführen anstatt den Unterricht nur auf Sprechen und Hören zu beschränken.
- Die Kinder müssen Lernstrategien entwickeln. Dieses Lernstrategie-Training sollte wiederkehrend angeboten werden anstatt es nur einmal einzuführen.
- Geschichten haben eine große Bedeutung, nicht nur weil sie die kindliche Fantasie ansprechen, sondern weil sie den Aufbau der narrativen Diskursstruktur unterstützen.
- Es ist von großer Wichtigkeit, Wege zu finden, negativen Faktoren eines niedrigen sozioökonomischen Status entgegenzutreten.
- Der sprachliche Erfolg ist eng gekoppelt an didaktische und pädagogische Ausrichtung des Sprachencurriculums, auf das sich der Fremdsprachenunterricht stützt".

Schon diese Aussagen liefern Grund genug, früh mit dem Englischlernen zu beginnen. Schauen wir über den europäischen Rahmen hinaus, kommt hinzu, dass das Englische weltweit Erst- und Muttersprache für ca. 350 Millionen Menschen rund um die Welt ist. Bis zu einer Milliarde Menschen verwenden das Englische als Zweitsprache, d.h. als alltägliches Kommunikationsmittel. Damit liegt Englisch bezogen auf die Anzahl der Sprecher auf der ganzen Welt an zweiter Stelle, nach Mandarin-Chinesisch übrigens, das zwar als Muttersprache in China, Taiwan und Singapur noch höhere Sprecherzahlen hat, aber von der Verbreitung her nicht als *Lingua franca* existiert, also nicht als Kommunikationsmittel zwischen Sprechern mit unterschiedlicher Muttersprache. Die Funktion des Englischen, weltweit eine *Lingua franca* zu sein, ist in den angeführten Zahlen der Mutter- und Zweitsprachler noch nicht ausgedrückt und lässt sich auch nicht genau bestimmen. Es steht jedoch im Zeichen der Globalisierung der Wirtschaft fest, dass Kinder im Englischunterricht von heute die Fremdsprache nicht primär lernen, um z.B. mit Engländern, Iren oder Amerikanern sprechen zu können, sondern um als Deutsche beruflich mit Japanern in Griechenland auf Englisch die Transportwege für Autoimporte auszuhandeln.

Zur Situation in den Bundesländern

Nach diesem Überblick ist es naheliegend, die konkrete Situation in der Bundesrepublik Deutschland zu befragen. Dabei ergibt sich laut Prof. Dr. Gundi Gompf (www.kles.org) mit dem Stand vom Juni 2007 folgende Situation:

Ab wann wird unterrichtet?
- 14 Bundesländer unterrichten flächendeckend das Lernen einer Fremdsprache in der Grundschule ab der Klasse 3.
- Zwei Bundesländer, Baden-Württemberg (seit 2003/2004) und Rheinland-Pfalz (seit 2005/2006), unterrichten die Fremdsprache ab Klasse 1, Nordrhein-Westfalen beginnt damit ab dem zweiten Halbjahr 2008/2009. In der Mehrzahl der übrigen 13 Bundesländer gibt es Schulversuche zum Fremdsprachenbeginn ab Klasse 1.

Welche Sprache wird unterrichtet?
- Zehn Bundesländer bieten ausschließlich Englisch an.
- Aufgrund seiner geographischen Nähe zu Frankreich unterrichtet das Saarland in der Grundschule nur Französisch.
- Fünf Bundesländer bieten in der Grundschule aus unterschiedlichen Gründen wahlweise Englisch oder Französisch an, so z. B. Baden-Württemberg wegen der Grenznähe zu Frankreich. Aus bildungspolitischen Gründen gibt es das Angebot aber auch in Berlin, Brandenburg, Hessen, Rheinland-Pfalz und Thüringen.

Wie viel Unterrichtszeit wird eingesetzt?
- 13 Bundesländer unterrichten die Fremdsprache in zwei Schulstunden à 45 Minuten und erreichen damit eine mittlere Unterrichtszeit von 120 Zeitstunden in Klasse 3 und 4 zusammen.
- Brandenburg setzt drei Stunden pro Woche ab Klasse 3 an; Berlin hat für die Klasse 4 auf drei Schulstunden erhöht.
- Rheinland-Pfalz gewährt dem Fremdsprachenunterricht pro Jahrgangsstufe nur 50 Minuten pro Woche und erreicht durch den Start in Klasse 1 damit insgesamt 133 Stunden Unterricht in der Grundschule.
- Einsames Schlusslicht ist Mecklenburg-Vorpommern mit nur einer Schulstunde pro Woche, d. h. mit nur insgesamt 60 Zeitstunden Unterricht in Klasse 3 und 4 zusammen.

Welche gesetzlichen Vorgaben gibt es?
- In allen 16 Bundesländern liegen verbindliche Lehrpläne beziehungsweise Rahmenlehrpläne für den Unterricht in der Fremdsprache an Grundschulen vor.
- Darunter hat lediglich Hamburg einen Rahmenplan erstellt, der auch die beiden ersten Klassen der Sekundarstufe I umfasst, also für das Fach Englisch von Klasse 3 bis Klasse 6 gilt.
- Berlin hat bundesweit als einziges Land einen schulformübergreifenden Lehrplan für das Fach Englisch von Klasse 3 bis Klasse 10 erstellt.

Werden die Leistungen in der Fremdsprache benotet?
- Von den 16 Bundesländern haben sich nur Bayern, Mecklenburg-Vorpommern, das Saarland (im Fach Französisch) und Thüringen gegen eine Benotung entschieden und sehen stattdessen einen verbalen Kommentar im Zeugnis vor. Alle anderen Bundesländer benoten teils nur in Klasse 4 (Berlin, Niedersachsen, Freistaat Sachsen, Sachsen-Anhalt) oder aber in beiden Klassen mit Ziffernzensuren.

Zusammenfassend lässt sich für alle Bundesländer der Konsens feststellen, dass das Lernen einer fremden Sprache mit deren kultureller Einbindung im Grundschulalter begonnen werden soll. Dazu werden angemessene sprachliche und interkulturelle Lernziele formuliert, die ergebnisorientiert sowie altersgerecht und grundschulspezifisch sind.

Was fehlt, ist die Definition der Lernerträge am Ende der Grundschulzeit. Was müssen die Kinder können, wenn sie auf die weiterführenden Schulen kommen? Welche Kenntnisse können sie überhaupt erreichen? Hier muss bildungspolitisch gehandelt werden. Diese Forderung ist jedoch, wie das nachfolgende Zitat zeigt, nun schon eine Reihe von Jahren in der Diskussion:

> „Die Zukunft des Fremdsprachenunterrichts an Grundschulen wird ganz entscheidend davon abhängen, zu welchen Ergebnissen er gelangt – in Sonderheit, welches Fremdsprachenkönnen die Kinder aufgrund ihrer individuellen Voraussetzungen und Möglichkeiten bei optimaler, kindgemäßer Förderung erreichen." (HELLWIG 1995b, S. 84 f.)

In Kapitel 3 dieses Buches finden Sie deshalb eine erste Antwort: In welchem Zusammenhang stehen Inhalte und Ziele des Frühbeginns mit den fremdsprachlichen Erträgen, die am Ende der Grundschulzeit erwartet werden sollten.

Synopse: Fremdsprachenbeginn ab Klasse 1 – Stand: Juni 2007

Land	flächendeckend in Klasse 1 + 2	Anzahl der Schulen mit Versuchen	Lernzeit pro Woche	Sprache(n)	gesetzl. Vorgaben	Bewertung im Zeugnis	Teilnahme-/Notenvermerk
BW	Ja, seit Schuljahr 2003/04	–	90 Min.	E/F	LP	Ja	–
BE	–	9 Europa-Schulen	Lernzeit und Sprachenwahl gem. Stundentafel für Europaschulen		RLP	Ja	–
HH	–	11	Keine Angabe	E/F	Int. HR	Ja	–
HE	–	9	45 Min.	E	Int. HR	Ja	–
NRW	Ab 2. Halbjahr 2008/09	2	90 Min.	E	LP	Ja	–
RP	Ja, seit Schuljahr 2005/06	–	50 Min.	E/F	RPL	Ja	–
SL	–	92	90 Min.	F	R	Ja	–
SN	–	16	45 Min.	F/PL/T	LP	Ja	–
TH	–	32	45 Min.	E	HR	Ja	–

Kürzel der Bundesländer:
BW Baden-Württemberg
BE Berlin
HH Hansestadt Hamburg
HE Hessen
NRW Nordrhein-Westfalen
RP Rheinland-Pfalz
SL Saarland
SN Freistaat Sachsen
TH Freistaat Thüringen

Kürzel für Fremdsprachen:
E   Englisch
F   Französisch
PL Polnisch
T   Tschechisch

Kürzel für die gesetzlichen Vorgaben:
LP   Lehrplan
RPL   Rahmenlehrplan
HR   Handreichungen
R   Richtlinien
Int. HR schulinterne Handreichungen

© Prof. Dr. Gundi Gompf (Hrsg.): Kinder lernen europäische Sprachen – www.kles.org

2 Lernvoraussetzungen

Teaching English to Young Learners heißt das Thema dieses Bandes und man könnte meinen, hier seien die Prioritäten in der falschen Reihenfolge genannt. Bevor über Inhalte und Ziele des Frühbeginns (vgl. Kapitel 3) gesprochen wird, ist es sinnvoll, diejenigen genauer zu betrachten, an die sich dieser Unterricht richtet. Mit anderen Worten: Welche Voraussetzungen bringen die Kinder mit, die wir in der englischen Sprache unterrichten wollen? Wie können ihre Fähigkeiten ausgebaut und ihre Persönlichkeiten durch den Englischunterricht bereichert werden? Was macht überhaupt einen erfolgreichen Fremdsprachenlerner aus? Wie weit kann ich als Lehrkraft davon ausgehen, dass meine Unterrichtsplanung funktioniert und auch tatsächlich am Ende meines Unterrichts die verfolgten Lernziele „in den Köpfen" sind? Und welche Rückschlüsse kann ich daraus ziehen, wenn die Kinder mit eigenen fremdsprachlichen Wortschöpfungen antworten, die sie garantiert im Unterricht zuvor nicht gehört haben?

Die englische Sprache im Alltag der Kinder

Kinder im Grundschulalter sind bereits für beträchtliche Zeit durch die Medien, die Werbung, den Sport und die Umgangssprache umgeben gewesen von Anglizismen und reinen englischen Lexemen in einer Fülle, die nur durch exakte empirische Untersuchungen erfasst werden kann. Eine solche Untersuchung müsste auch klären, ob Kinder dieses Alters die englischsprachigen Ausdrücke überhaupt als fremdsprachlich erkennen und auffassen oder ob sie nicht die Bezeichnung für *Skateboard* oder *T-shirt,* solange ihnen das Schriftbild nicht vertraut ist, als ein quasi „deutsches" Wort in ihre Sprache integriert haben. Auch ist nicht klar, wie die Kinder mit der Aussprache zurechtkommen, wenn sie nur das Schriftbild sehen, die Aussprache aber nicht hören. Untersuchungen zu dieser sicherlich sehr interessanten Frage liegen bisher nur in Ansätzen vor.

Wohl aber ist bekannt, wie viele Übernahmen aus der englischen Sprache Teil der Alltagssprache der Kinder ist. Diese sind direkt in ihrer Erlebniswelt angesiedelt wie etwa *Gameboy*, *Mountainbike*, *Hamburger*, *Airport*, *Fleece Shirt* oder sie kommen in ihrer Umwelt vor wie *Exit* und *Basement*. Bereits 1993 stellte PIEPHO in einer Untersuchung fest, dass Kinder im dritten Schuljahr mehr als 300 englische Morphemgruppen kennen – eine Tatsache, von der der Frühbeginn profitieren kann.

Zum Einstieg in das Englische dürfen die Kinder zeigen, wie viel Englisch sie schon können. Auf einer Folie mit vielen englischen und deutschen Wörtern können die Kinder die Begriffe mit einem Farbstift einkreisen, die sie für englische halten. Das wird vorher in der Klasse diskutiert. Nachthemd? Bestimmt nicht. *Inlineskates*? Schon eher. *Cool*? Weiß man nicht so genau. Eine Fülle von Anglizismen wird so bewusst gemacht und weitere werden gesammelt, wobei sich die Gelegenheit ergibt, auf die korrekte Aussprache von *Steak* und *Spray* zu achten, beides Fälle, in denen deutsche Erwachsene gelegentlich Probleme haben.

Jedenfalls sollte in der Klasse eine echte Sammelwut ausbrechen. Auf großen Wandpostern oder im *Workbook* nach Fundorten oder Sachgebieten geordnet werden die Funde festgehalten. Sie können als Collagen aus Zeitungen und Illustrierten zusammengestellt, als Mobiles aus Kartons mit englischen Beschriftungen an der Decke aufgehängt (s. Abb. 2) oder auf einem Klassenausflug mit der Kamera in der Stadt gesucht werden.

Abb. 2: Deckengerüst, Foto von GRIT BERGNER

Man findet viele Bezeichnungen für die zahlreichen Shops und Slogans auf Plakatwänden, besonders in Einkaufszentren oder Bahnhöfen. Zu Beginn einer Unterrichtsstunde können die Schülerinnen und Schüler berichten: Wo habt ihr das Wort gefunden? Woher weiß man, dass dies Englisch ist? Wie spricht man das wohl aus? Fällt euch etwas daran auf, wie das Wort geschrieben wird? Hier bieten sich erste Ansätze zu *Language Awareness* (vgl. Kapitel 3) an: Die Kinder bemerken, dass im Englischen eine Diskrepanz zwischen Klangbild und Schriftbild existiert.

Gerade wegen dieser Diskrepanz darf allerdings in der Sammelphase eine der „ehernen Grundregeln" des Anfangsunterrichts nicht verletzt werden: *Ehe die Aufmerksamkeit auf das Schriftbild einzelner Wörter gelenkt wird, muss die korrekte Aussprache gesichert und gefestigt sein.* Dies gilt für den gesamten weiteren Unterricht im Englischen genauso. Ist das Klangbild nicht ausreichend gefestigt, schleichen sich schnell an die Aussprache des Deutschen angelehnte Klangbilder ein. Dieses Phänomen stellt sich auch bei autodidaktisch weiterlernenden Erwachsenen im Englischen ein und führt z. B. zu der Fehlaussprache von [spraɪ] für *spray* statt des korrekten [spreɪ].

Für den Einstieg in den Englischunterricht und um den Kindern deutlich zu machen, dass sie bereits eine Menge verstehen, können Sie eine kurze Rollenspielszene mit all den bekannten Begriffen aus dem *Fast-Food*-Bereich einsetzen, die fünf Schülerinnen einer vierten Klasse für die Anfänger eingeübt haben (vgl. SCHMID-SCHÖNBEIN 1998, S. 117). So könnte der Text lauten:

Ricky: *Look Mum, there's a restaurant. I'm so hungry!*
Cathy: *Yes, let's go to a restaurant. I'm so-o-o thirsty, Mum.*
Mark: *I've got to peee-ee-e.*
Mum: *Oh, stop it, you three. – Alright, we'll go to the restaurant.*
Mark: *But hurry, I've got to peee-ee-e.*
Mum: *Okay, here's the restaurant. Cathy, you take Mark to the toilet – but wait – what do you want, Cathy?*
Cathy: *I'd like a cheeseburger and a Coke ...*
Mum: *Okay, and you, Mark?*
Mark: *I'd like a hamburger and an orange-juice, but I've got to peee-ee-e.*
Cathy: *Okay, let's run ...*
Mum: *And Rick, what would you like?*
Ricky: *I'd like a doughnut and a milkshake, a banana milkshake.*

Waitress: *Good morning – what would you like?*
Mum: (Nachdenklich, langsam aufzählend) *Well, let's see – a cheeseburger and a Coke for Cathy, a hamburger and an orange-juice for Mark, a doughnut and a banana milkshake for Ricky, and – well – a cup of coffee for myself.*
Waitress: *So that's a cheeseburger and a Coke, a hamburger and an orange-juice, a doughnut and a banana milkshake, and – a cup of coffee.*
Mum: *Yes, please.*

Keinesfalls muss dabei alles im Detail verstanden werden. Vielmehr sollten die Kinder die Situation im Großen und Ganzen begriffen haben und auf die Frage: „Worum geht's denn da?" den Inhalt der gespielten Situation im Wesentlichen wiedergeben können. Die Erfahrung, dass sie schon viel verstehen, stärkt das Selbstbewusstsein der Kinder.

Lernpsychologische Voraussetzungen

Mit einer solchen Erfahrung ist bereits eine wichtige Lernvoraussetzung erfüllt, nämlich die Einsicht, dass die englische Sprache den Kindern schon längst nicht mehr fremd ist und sie nun bewusst von der bisher unbewussten Kenntnis profitieren. Darüber hinaus aber muss der Blick auch auf die „allgemeinen" lernpsychologischen Voraussetzungen gelenkt werden, die mit ZYDATISS als *window of opportunity* gesehen werden können: „Nach allem, was wir heute über Spracherwerbsprozesse wissen, ist die Zeit bis zum 10. Lebensjahr zu wertvoll und zu produktiv (man spricht in den Kognitionswissenschaften von *windows of opportunity*), um sie [...] nicht auch für ein kindgemäßes und grundschulgerechtes Fremdsprachenlernen zu nutzen" (ZYDATISS 1999, S. 198).

Die „Normalität" der Unterschiede

Bei einer Betrachtung der allgemeinen psychologischen Voraussetzungen ist das Wort „allgemein" irreführend, weil es vermuten lässt, zu Beginn der Grundschulzeit kämen pro Klasse zwanzig bis dreißig Kinder zusammen, die über die gleiche entwicklungs- und lernpsychologische Ausstattung verfügten. Schon ein Blick auf die ethnische Zusammensetzung einer Klasse, in der Kinder aus unterschiedlichen Kulturkreisen zusammen leben und lernen sollen, zeigt, dass dies ein Trugschluss ist. In den vergangenen sechs (oder acht) Jahren des Heranwachsens hat jedes Kind ganz eigene Prägungen erfahren, durch sein soziales und familiäres Umfeld, durch den kulturellen oder religiösen Hintergrund, durch seine Muttersprache. Von „allgemeinen" Voraussetzungen kann da kaum die Rede sein. Dem steht gegenüber, dass das Umfeld Schule die Schüler relativ gleich behandeln muss und erwartet, dass ein bestimmtes Rollenverhalten auch bei wechselnden Lernaufgaben, bei Lehrerwechsel oder bei neuen Mitschülern, die in die Klasse kommen, stabil beibehalten wird. Schule und Kind müssen quasi zueinanderpassen – und dies gelingt nicht immer oder zumindest nicht von Anfang an. Während sich für einen Teil der Kinder der Übertritt in die Schule problemlos gestaltet, diese sich gut zurechtfinden und schnell Kontakte knüpfen, fügt sich ein anderer Teil der Kinder nur schwer ein, ist unruhig oder unaufmerksam. Wenn auch auf die möglichen Gründe für diese Defizite hier im Einzelnen nicht eingegangen werden kann, so müssen Sie, besonders als beginnende Lehrkraft, mit dieser „Normalität" der Unterschiede auch im Englischunterricht rechnen und einer Unruhe sowie mangelndem Sozialverhalten in der Klasse mit klaren Regeln und festen Ritualen (vgl. PETERSEN 2001) zu begegnen versuchen.

Das Begabungsselbstbild

Angesichts der Unterschiede, mit denen Kinder in die Grundschule kommen, ist es umso wichtiger, das schon angesprochene Selbstkonzept gerade bei jenen Kindern zu stärken, die Schwierigkeiten mit dem Umfeld Schule haben. Diesen Kindern fehlt, was Spracherwerbsforscher *skills in social interactions* genannt haben, die nicht nur im alltäglichen Sozialverhalten wichtig sind, sondern auch eine unverzichtbare Rolle im Fremdsprachenlernen bedeuten. Bei Schulbeginn wird das Selbstbild des Kindes durch die bisherigen Erfahrungen der eigenen Leistungsfähigkeit und durch die Freude am Erfolg mitbestimmt. In der Schule kommt die Bewährung in schulischen Anforderungen hinzu, und es bildet sich ein Begabungsselbstbild *(academic self)* heraus, über das die Kinder schon in der ersten Klasse eine Einschätzung geben können.

Wer bisher wenig Selbstbestätigung durch das häusliche Umfeld erfahren hat und nun wenig positive Rückmeldung zu schulischen Leistungen bekommt, gerät in einen *circulus vitiosus* der „gestörten Lernprozesse", der sich auf das weitere Lernverhalten negativ auswirken kann, besonders beim Lernen einer Fremdsprache. Hier müssen Kinder quasi für die Dauer des Englischunterrichts eine neue Teilpersönlichkeit übernehmen und „in dem neuen Medium als Person bestehen können. Nur so entwickeln sie die für das weitere Lernen erforderliche Zuversicht zu sich und zu ihrem Lernvermögen" (BLEYHL/BURGTORF 2007, S. 8). Es liegt auf der Hand, dass ein negatives Selbstbild eines eingeschüchterten und introvertierten Kindes dabei hemmend wirkt. Achten Sie bei diesen Kindern besonders darauf, dass sie lernen, Rollen zu übernehmen, in Dialogen und Rollenspielen wirksam zu handeln und sich in konkreten sprachlichen Aufgaben zu üben, z.B. von einem Kind auf Englisch dessen Adresse zu erfragen. So können mit viel Einsatz der unterstützenden Lehrkraft Nachteile wettgemacht werden, die Kinder aus einem eifrig motivierenden und ermutigenden häuslichen Umfeld gar nicht kennen.

Erfolg und Bestätigung

Was macht überhaupt einen erfolgreichen Fremdsprachenlerner aus? In erster Linie gehören dazu das anfängliche Erleben von Erfolg, das weiteres Lernen positiv (oder beim Ausbleiben negativ) beeinflusst. Daher werden in der Literatur immer wieder methodische Schritte in ihrer Bedeutung betont, die eine positive Grundeinstellung der Kinder zum Fremdsprachenlernen erzielen. „Lob, Lob und noch mal Lob" könnte die Devise lauten. Neben diesen Ergebnissen zur Bedeutung früher Erfolgserlebnisse für das weitere Fremdsprachenlernen *(Nothing succeeds like success)* gibt es auch weitere Merkmale, die den Erfolg in der Fremdsprache beeinflussen.

Es leuchtet ein, dass z.B. Risikofreudigkeit und *tolerance of ambiguity* in engem Zusammenhang stehen. Sich in der noch ungewohnten Sprache Englisch zu Wort melden, einen Satz einfach ausprobieren, überhaupt sich auf etwas Unbekanntes, auf eine fremde Sprache einlassen – das alles sind Verhaltensweisen, die das Erlernen einer Fremdsprache fördern. Dazu gehört aber auch, aushalten zu können, dass man etwas in der Fremdsprache noch nicht eindeutig verstanden hat. Diese Ambiguität, die Mehrdeutigkeit im Sinne von „Was heißt das bloß?", müssen die Kinder für eine Weile tolerieren können. Am besten wird explizit über diese Schwierigkeiten in der Anfangsphase gesprochen – und dann natürlich in der Muttersprache. Erzählen Sie von sich, z.B. wie Sie selbst im Ausland erst bei der dritten Wiederholung Ihren Gesprächspartner verstanden haben. Eine besonders gute Gelegenheit, um Risikobereitschaft und Selbstsicherheit zu stärken, ist der methodische Ansatz des alters- und grundschulgemäßen *storytelling*, wie er in Kapitel 4 geschildert wird.

Der Faktor Intelligenz

Der Intelligenz eines Fremdsprachenlerners wird gemeinhin eine bedeutsamere Rolle zugeschrieben, als sie eindeutig in ihrer Wirkung auf alle Facetten des fremdsprachlichen Lernprozesses nachzuweisen ist. Zunächst wird als Intelligenz bezeichnet, was in sogenannten Intelligenztests (IQ-Tests) gemessen wird. Bei einer genaueren Analyse der Zusammenhänge zeigt sich allerdings, dass diese Werte nur für einige Faktoren beim Fremdsprachenlernen wichtig sind, nicht aber für alle. Hohe IQ-Werte scheinen wirksam zu werden, wenn es um Sprachanalyse und Regellernen geht, zwei Bereiche, die nicht im Vordergrund des Fremdsprachenlernens der Grundschule stehen. Allerdings wird im Standardwerk *Teaching Languages to Young Learners* von LYNNE CAMERON (2001, S. 20) aufgeführt, dass es zu den Schlüsselprinzipien beim Lernen der Fremdsprache gehört, solche Eigenschaften einer Sprache zu bemerken und zu beachten, die Bedeutung tragen, also in gewissem Maß Sprachanalyse vorzunehmen. *My books* sind eben mehr als *my book*.

Auf solche Eigenschaften unterstützend aufmerksam zu machen, ist Aufgabe der Lehrkraft. Dies Vorgehen ist zugleich ein Kernkonzept des *Language-Awareness*-Ansatzes, der konstruktiven Neugier auf das „Andere" der englischen Sprache, wie er ausführlich in Kapitel 3 behandelt wird. Mit diesem Ansatz soll das Bewusstsein für Regelhaftigkeiten schon im muttersprachlichen Unterricht geschärft werden und vom Fremdsprachenunterricht auf diesen zurückwirken („Andere Sprachen als Chance", BARTNITZKY 2000, S. 222). Muttersprache und Fremdsprache ergänzen sich in diesem Ansatz. Dabei sollten kontrastierend alle Möglichkeiten zur Bewusstmachung von sprachlichen Regelhaftigkeiten eingesetzt werden, im oben genannten Beispiel etwa mit Fragen der Art „Wie drückt die deutsche Sprache/wie die englische Sprache aus, dass es sich um zwei Bücher handelt?"

Hingegen wird die Wirksamkeit der Intelligenz in anderen Bereichen als dem *Language-Awareness*-Ansatz nur vorsichtig formuliert. Ausgleichend wirken Methoden, die gerade charakteristisch sind für grundschulgemäßen Fremdsprachenunterricht: nämlich Kommunikation und Interaktion.

Die Rolle von Begabung/Eignung/Neigung/Talent

Ein weiterer Faktor, der auf das Fremdsprachenlernen Einfluss nimmt, wird in der englischsprachigen Literatur *aptitude* genannt, ein Begriff, den man im Deutschen mit Begabung, Eignung, Neigung oder Talent übersetzen kann. Mit *aptitude for language learning* wurde in der Vergangenheit die Eigenschaft mancher Lerner bezeichnet, eine Fremdsprache besonders schnell und effizient aufzunehmen. Die Schülerin oder der Schüler ist „sprachbegabt", sagt man dann. Sie fallen auf, weil sie neue Laute in der Fremdsprache gut identifizieren und behalten, die Funktion von Wörtern in Sätzen verstehen, aus Sprachbeispielen grammatische Regeln ableiten und neue Vokabeln leicht behalten können.

Dies trifft besonders dann zu, wenn solche Lerner bereits mehrere Sprachen gelernt haben und ihre dabei gewonnenen Sprachlernerfahrungen gezielt einsetzen können und wenn ein grammatikorientierter Unterricht einen günstigen Rahmen dafür bietet. Wiederum aber wird ein kommunikativ und interaktiv ausgerichteter Englischunterricht in der Grundschule sich nicht allein an diesen Fähigkeiten orientieren, sondern wird die Lernangebote variieren, die allen Begabungsprofilen in der Klasse gerecht werden. Die Autoren Dieter Mindt und Norbert Schlüter haben gerade mit Bezug auf die notwendige Einsicht in Regelhaftigkeiten der Fremdsprache die dabei erforderliche Hilfestellung für lernschwächere Kinder durch die Lehrkraft betont (2007, S. 61).

Lerner als Konstrukteure ihrer Wissenswelt

„Unterricht" wird durchaus üblich als Vermittlung von Inhalten verstanden, wie sie die Lehrpläne und Lehrwerke vorgeben. Damit wird die Lehrkraft zum Vermittler und zum Strukturierenden. Man setzt dabei häufig voraus, dass das Wissen, didaktisch und methodisch gut aufbereitet, nach Abschluss des Unterrichts auch in den Köpfen der Kinder verankert ist und nun der nächste Schritt folgen kann. Mit Bedauern oder Verärgerung stellen wir jedoch häufig fest, dass Unterrichtsinhalte nicht behalten werden oder ganz anders als erwartet verarbeitet wurden.

Neuere Erkenntnisse in der Kognitionspsychologie sowie Forschungsergebnisse der Biologie und Neurophysiologie sehen Lernen als einen dynamischen Prozess. Dabei verändern sich die Lerninhalte im Lerner auf eine Weise, die von seinem Vorwissen, von seinen Lernstrategien, seinem Lernstil, seinem Selbstbild und der erfolgreichen Interaktion mit seiner Umwelt abhängt. Erfolgreiches Lernen ist ein in hohem Maße aktiver, konstruktiver und auch selbst bestimmter Prozess, innerhalb dessen neue Informationen an schon vorhandene angebunden werden. Neue Erfahrungen müssen quasi in ein schon bestehendes Wissensnetzwerk „eingeknüpft" werden. Wenn im Englischunterricht eine Aufgabe konzentriert und eingehend bearbeitet und dies positiv erlebt wird, dient ein solches „Vernetzen" dem Behalten. Eine Fragestellung zu Beginn eines *storytelling (Why is the little monkey so sad?)* bewirkt eine größere Verarbeitungstiefe, als wenn die Geschichte ohne diese vorherige Fokussierung gehört wird. An die Erfahrung von eigenem Traurigsein können die Kinder anknüpfen.

In welchem Ausmaß das Kind „konstruiert", d.h. neues Wissen auf vorhandenes bezieht und aus einer neuen Erfahrung eigene Erkenntnisse abstrahiert, mag ein Beispiel illustrieren. Der vierjährige Oliver, der die Zahlen bis zur Ziffer 9 und die Schreibweise seines Namens kennt, steht auf der Badezimmerwaage, sieht die Angabe „40" (englische Pfund), grübelt und verkündet dann: „Ich wiege eine 4 und den Anfang von Oliver". Gemeinhin nennen wir so etwas Kindersprache und lächeln darüber, ohne die beachtliche Leistung des Kindes im Zusammenfügen von Einzeldaten und der Abstraktion daraus zu erkennen und anzuerkennen. Ausgangspunkt für diese Lernleistung ist eine in der Außenwelt wahrgenommene Erfahrung, die nicht ohne Weiteres in ein vorhandenes Konzept „eingepasst" werden kann. Vielmehr muss entweder das vorhandene Konzept verändert oder ein neues Konzept gebildet werden. *„Children actively try to construct meaning"*, so LYNNE CAMERON (2001, S.19). Geschieht das, so muss sich das neue Konzept in der weiteren Erfahrung bewähren oder es muss verändert werden. Der vierjährige Oliver wird also hören, dass ältere Kinder oder Erwachsene das Problem, die Zahl auf der Waage zu benennen, anders lösen. Sie nennen die Zahl, die aus der Vier und „dem Anfang von Oliver" besteht, „vierzig", und Oliver wird sein Konzept von der Zahl entsprechend verändern.

Auch Fremdsprachenlernende konstruieren ständig und müssen das so erlangte Wissen mit der bisherigen Erfahrungswelt abgleichen. So fragt die siebenjährige Anja, die schon ein paar englischsprachige Vorkenntnisse hat, mit einem Blick über die Schulter bei der Mutter nach: „‚Hye, Betty' – wird doch so geschrieben, nicht? Ist doch auch so ein Gruß wie ‚bye', nicht?" In dieser Situation wird die Mutter gebeten, Anjas Wissenskonstruktion entweder zu bestätigen oder, wie in diesem Fall mit dem Hinweis auf die Schreibung von *hi*, zurechtzurücken. Wir vertrauen dieser Fähigkeit von Kindern, wenn wir sie bei der Freiarbeit – z.B. beim Lernen an Stationen oder in Projekten – zum aktiven, eigenständigen Lernen herausfordern (vgl. Kapitel 4).

Neben der hier dargestellten lernpsychologischen Position ist noch die der Spracherwerbsforschung zu erwähnen. Ihr zufolge geschieht das Erlernen von Sprachstrukturen in einer bestimmten Reihenfolge, sie werden unabhängig von lehrmethodischen Verfahren individuell „erworben" und stehen dann spontan sprachlich zur Verfügung (vgl. KESSLER 2006).

„Intelligente" Fehler

Anzeichen dieser produktiven und interaktiven, das Wissen konstruierenden Eigentätigkeiten der Kinder finden wir auch mitten im Englischunterricht. „*We have three goldfishes*", erzählt eine Schülerin in der vierten Klasse, weil sie häufig genug den Plural von Wörtern wie *dish – dishes* gehört hat und nun glaubt, auch bei *goldfish* hieße der Plural so. Ein weiteres Beispiel: Die Lernenden kennen alle den deutsch-englischen Ausdruck „Tintenkiller" und vermutlich bringt der zweite Wortteil einen Schüler dazu, auf die Frage der Lehrerin – ein Radiergummi hochhaltend – *What's this?* mit voller Überzeugung zu antworten: *It's a pencilkiller*, eine völlig eigene, nie zuvor gehörte Wortschöpfung. So entstehen viele „intelligente Fehler", die Abbild der sprachlichen Kreativität der Kinder sind, auch wenn eines von ihnen den *dining-room* schlicht – und sicher als Interferenz des Deutschen – als *eatroom* bezeichnet.

Eigentätigkeit findet sich über das lexikalische Lernfeld hinaus auch im Durchbrechen von Frage-Antwort-Mustern. Während die Lehrerin die Monatsnamen einüben möchte und mit der Frage *And when is your birthday?* sich nacheinander an eine Reihe von Kindern wendet, antwortet ein Junge nicht mit einem Monatsnamen, sondern mit *In summer* – einer kommunikativ völlig korrekten, eigenständigen Antwort.

„Intelligente Fehler" als Zeichen von aktiv konstruierten sprachlichen Regularitäten belegt auch diese Bildbeschreibung, die ein Schüler am Ende des zweiten Schuljahrs, allerdings nach einem Start bereits im zweisprachigen Kindergarten, formuliert hat:

„*... then the dog fells on the ground and the glass goes in one hundred pieces. ... Then the boy looked in a hamster hole and there comes a hamster out and then the dog shaked on the trunk of the tree ... And outcomes a owl and the boy felled ... on the ground ..."* (WODE 2002, S. 146).

Die Verbformen **fells*, **shaked*, **felled* zeigen klar, was das Kind gelernt hat, aber jetzt noch übergeneralisierend anwendet. Vergleichbare „intelligente Fehler" machen deutsche Kinder, wenn sie erzählen, „sie **gingten* zum Spielplatz".

Für die Lehrerin bedeuten diese verschiedenen Lernvoraussetzungen, dass sie ein Lernklima schaffen muss, das reich ist an vielfältigen, von den Kindern nutzbaren Lerngelegenheiten. Auf diese Weise kann eine gewisse Selbstorganisation von Lernprozessen stattfinden.

Migrantenkinder: Erfolge und Lernschwierigkeiten

Die Lernvoraussetzungen, die Bildungsbeteiligung und der Bildungserfolg von Kindern mit Migrationshintergrund sind seit der Veröffentlichung von Leistungsstudien wie TIMSS, PISA und IGLU (Internationale Grundschul-Lese-Untersuchung) 2001 und 2006 stärker als vorher in der bildungspolitischen Diskussion. In den neueren Studien, so in IGLU 2006, werden ungleiche Bildungschancen nicht mehr pauschal mit dem Faktor „Migrationshintergrund", d.h. der Frage nach der Staatsangehörigkeit erklärt, sondern es werden auch weitere Merkmale wie das Geburtsland der Kinder und deren Eltern, der heimische Sprachgebrauch der Familie, die sozioökonomische Situation des Elternhauses oder der Bildungshintergrund der Familie erfragt. Dabei wurden (in alphabetischer Reihenfolge) mit Italien, Kasachstan, Polen, Russland und der Türkei die fünf häufigsten Geburtsländer von Vater und Mutter genannt. Insgesamt gab es mehr als 250 verschiedene Herkunftsländer.

Als bildungspolitisch herausforderndes Ergebnis zeigte die IGLU-Studie 2006, dass in allen fünf Stufen der Lesekompetenz Kinder mit Migrationshintergrund wesentlich schlechter abschnitten als Kinder, von denen kein Elternteil im Ausland geboren war. Während 14,2 % der Kinder ohne Migrationshintergrund die höchste Kompetenzstufe erreichten, waren es nur 3,7 % der Kinder mit Migrationshintergrund. „Das heißt, zwei Drittel der Kinder mit Migrationshintergrund verfügt am Ende der vierten Jahrgangsstufe nicht über die Kompetenz im Lesen, die es ihnen erlaubt, sicher und selbstständig mit Texten weiterzulernen und sich eigenständig neue Lernbereiche zu erschließen. Dringend muss hier die Förderung in der Grundschule für diese Kinder intensiviert werden" (Bos et al. 2007, S. 266).

Dies wird im Bereich Hör- und Leseverstehen im Englischunterricht durch eine umfassende Untersuchung unterstrichen, die das nordrhein-westfälische Schulministerium zwischen 2005 und 2006 durchgeführt hat. Hier wurden insgesamt 1 823 Schülerinnen und Schüler aus 88 Klassen in 60 Schulen befragt, die zwei Jahre Englischunterricht erhalten hatten. Bedeutsam sind die folgenden Ergebnisse:

„Zwischen Kindern mit deutscher und Kindern mit anderen Herkunftssprachen gibt es in den gezeigten Leistungen durchaus Unterschiede. Kinder aus deutschsprachigen Familien [...] erzielten einen mittleren Punktwert von 30,5. Kinder, die nach Aussagen der Fachlehrkräfte bilingual aufwachsen (174 Schülerinnen und Schüler), erreichen im Durchschnitt 28,5 Punkte, Kinder mit anderen Herkunftssprachen (238 Schülerinnen und Schüler) im Mittel einen Punktwert von 25,7. Ein Vergleich zwischen den beiden größten Gruppen (Türkisch und Russisch) zeigt, dass die Kinder mit Russisch mit 27 Punkten über dem Mittelwert aller Kinder mit anderen Herkunftssprachen lagen. Die Kinder mit Türkisch als Herkunftssprache lagen mit 24,9 Punkten unter dem mittleren Wert" (www.forum-schule.de, 1/2007).

Hier scheint sich im Bereich Leseverstehen zu wiederholen, was sich in der IGLU-Studie 2006 zur Lesekompetenz im Deutschen ergab. Genauere Feinanalysen zum Zusammenhang sind notwendig, doch liegt auf der Hand, dass Lehrkräfte den Bereich des Leseverstehens bei Kindern mit Migrationshintergrund im mutter- wie im fremdsprachlichen Bereich besonders fördern müssen.

Die Grundschule ist für diese Kinder also eine wichtige Schaltstelle. Man hört oft, dass Kinder mit Migrationshintergrund nicht noch zusätzlich mit einer Fremdsprache „belastet" werden sollten. Es sei schlicht Unsinn; sie sollten doch erst mal „richtig Deutsch lernen". Eine solche Meinung verkennt, welche Chancen gerade der Englischunterricht für diese Kinder und für deren Selbstbild bietet. Erstmals beginnen diese Kinder im Englischunterricht zusammen mit allen anderen in der Klasse am gleichen Punkt. Hier können sich Elena oder Enrico genauso beteiligen und Fortschritte machen wie Lea oder Paul. Endlich einmal ist ihre Muttersprache kein Nachteil, sind ihre unzureichenden Deutschkenntnisse kein Hemmschuh. Vielmehr können diese Kinder, wenn sie schon eine gewisse Kompetenz im Deutschen erreicht haben, sogar im Vorteil sein. Sie haben schon Erfahrungen mit einer anderen Sprache gemacht, haben gelernt, genau hinzuhören, fremde Laute auszusprechen, neue Wörter zu lernen. *Nothing succeeds like success.* Gute Chancen für Erfolgserlebnisse im Englischunterricht sind für diese Kinder angesichts ihrer sonstigen Schwierigkeiten in der Grundschule eine extrem wichtige Lernvoraussetzung, auch für andere Fächer.

Kooperation mit dem Elternhaus

Den Eltern aus Ihrer Klasse geht es wahrscheinlich wie Ihnen: Niemand wird je als Schülerin oder Schüler Englisch in der Grundschule gelernt haben. Somit ist schnell klar, dass auch hier ein Nachholbedarf besteht. Zwar hat ein Großteil der Eltern in der Sekundarstufe Englisch gelernt und deswegen eine Vorstellung von diesem Unterricht, die aber gerade für die Grundschule nicht zutrifft: keine Vokabelhefte, keine Grammatikregeln, keine Übersetzungen, wenig Schreiben und, je nach Bundesland, keine versetzungsrelevanten Noten. Stattdessen gelten alle Prinzipien und Verfahren, wie sie in Kapitel 4 dieses Bandes dargestellt werden: *Total Physical Response*, *storytelling*, *picture books*, *code-switching*, *e-mail-correspondence*, *rhymes and poems*, *role play*, *project work*, Einsprachigkeit, Einsatz der Handpuppe, interkulturelles Lernen, Echo-Methode, Audio-CDs, Portfolio. Die Liste könnte fortgesetzt werden mit weiteren Begriffen, welche die Eltern aus dem selbst erlebten Englischunterricht kaum kennen, die aber zum Verständnis der besonderen Lernsituation für den Englischunterricht in der Primarstufe wichtig sind.

Daher lohnt es sich, dass Sie als Fachkraft das Interesse und die Unterstützung des Elternhauses für den frühen Englischunterricht „einwerben", indem Sie an einem Elternabend über das neue Fach informieren und begründen, warum der Englischunterricht jetzt früher beginnt, in welchen Formen und mit welchen Materialien gelernt wird und wie der Beginn mit Englisch einen positiv erlebten Einstieg in das Fremdsprachenlernen überhaupt vermitteln kann und soll. Wenn Ihre Schule ein Lehrwerk als Leitmedium einsetzt, haben Sie es dabei relativ einfach. Schon die Gestaltung des *Pupil's Book* oder des *Activity Book* wird den Eltern zeigen, wie fröhlich und kindgerecht die *Units* aufgebaut sind und welche Aufgabenformen zum altersgemäßen Üben und Festigen beitragen. Wenn Sie dann noch eine Kostprobe von der CD vorspielen, einen peppigen Song oder einen kurzen *Native-speaker*-Dialog, werden die Eltern nicht nur informiert, sondern auch überzeugt sein vom Wert des frühen Einstiegs.

Auch lohnt es sich, auf die Form und Funktion des Portfolios (vgl. Kapitel 3 und 4) hinzuweisen, in dem die Kinder dokumentieren, woran sie arbeiten und was sie können. Da das Portfolio Besitz des Kindes ist und es eines Tages in die weiterführende Schule begleiten soll, können Sie damit auch die Sorgen der Eltern zum Übergang thematisieren und möglichst ausräumen. Daneben können Sie das Interesse des Elternhauses durch kleine Ergebnisse aus Ihrem Englischunterricht wecken: Von den Kindern selbst gemachte *greeting cards* werden erste Ansätze des Schreibens zeigen, ausgefüllte *worksheets* können Sie in einem *English folder* mit nach Hause geben und aus kleinen *primary readers*, die Sie ausleihen, können Kinder kurze Texteinheiten der Familie vorlesen, wenn, ja wenn zu Hause dazu aufgefordert und Interesse sowie Stolz gezeigt werden.

Fragen Sie an einem Elternabend, ob jemand fließend Englisch spricht und vielleicht einmal als Gast in der Klasse ein *storybook* vorlesen würde. Und schließlich sollten Sie die Eltern der Kinder dringend bitten, auf Vokabelgleichungen im Sinne von „Na, was heißt denn ‚Briefträger' auf Englisch?" oder „Was heißt denn ‚chips' auf Deutsch?" und auf Übersetzungen von kleinen Sätze zu verzichten. Das wäre für den Frühbeginn in Englisch keine sinnvolle Unterstützung, im Gegenteil: Ein Kind kann sich schnell blamiert fühlen, wenn es die Antwort nicht genau weiß, und der Aufbau eines positiven Selbstbildes als gute Lernvoraussetzung wäre dann behindert statt befördert. Weiterführende praktische Anregungen für einen ersten und zweiten Elternabend über den Englischunterricht finden Sie in SCHMID-SCHÖNBEIN 2008, S. 148–153.

Erkenntnisse aus Evaluationen

In der Europäischen Union hat sich seit Beginn der 90er-Jahre der Fremdsprachenunterricht auf der Primarstufe auf vielfältige Weise etabliert. Dabei variiert nicht nur das Einstiegsalter der Grundschüler, sondern auch die Grundlagen und Methoden des Unterrichts unterscheiden sich und die Lehreraus- und Fortbildung hat von Staat zu Staat eigene Ausprägungen. So wird immer wieder die Frage laut, was denn diese diversifizierte Situation inzwischen an gesicherten Erkenntnissen zum Frühbeginn erbracht habe. Besonders pointiert stellte diese Frage HELMUT SAUER, einer der erfahrensten Wegbegleiter der Entwicklung seit den 70er-Jahren, in einem Aufsatz mit dem provozierenden Titel „Frühes Fremdsprachenlernen – ein Irrweg?". Darin fasst SAUER das Ergebnis empirischer Forschung der frühen Hochphase, also der 70er-Jahre, so zusammen:

> „Die Schulversuche führten eindeutig zu dem Ergebnis, dass es für das schulische Fremdsprachenlernen keine allgemeine Überlegenheit des frühen Kindesalters gibt. Der auch heute noch immer wiederholte Satz ‚Je früher, desto besser' kann so allgemein nur für das natürliche Fremdsprachenlernen mit hohen Kontaktzeiten zur Zielsprache gelten" (SAUER 2000a, S. 3).

Erkenntnisse aus Evaluationen

SAUER belegt diese Aussage zusätzlich durch das Ergebnis einer zehnjährigen schwedischen Untersuchung zum Thema: „ ... die Summe der Lernzeiten [ist] für den Erfolg von entscheidenderer Bedeutung [...] als die Nutzung einer angenommenen optimalen frühen Altersphase" (SAUER 2000b, S. 72). Im Weiteren stellt SAUER fest, dass Frühenglisch sehr wohl möglich sei und eine klare Überlegenheit der Frühbeginner bis in das siebte Schuljahr hinein bringt, wenn – wie in dem Schulversuch von DOYÉ und LÜTTGE (1977; vgl. Kapitel 1) festgehalten – drei Lernvoraussetzungen erfüllt sind:
1 Es muss grundschulgemäßes Lernen gesichert sein.
2 Es müssen sprachlich und methodisch qualifizierte Lehrkräfte unterrichten.
3 Es muss eine bruchlose Kontinuität des Lernens in den Sekundarschulen erfolgen.

Selbst unter diesen Voraussetzungen, meint SAUER, sind die erreichbaren sprachlichen Leistungen „bescheiden", was angesichts des in Kapitel 1 aufgeführten Rechenbeispiels von 120 Zeitstunden Unterricht in Klasse 3 und 4 auch nicht verwunderlich ist. Der Tendenz, den Input zu erhöhen und bereits in der Jahrgangsstufe 1 zu beginnen, wie in Baden-Württemberg, Rheinland-Pfalz und Nordrhein-Westfalen schon etabliert, werden deshalb die anderen Bundesländern nach und nach folgen.

Welche Leistungen bei ausreichend hohen Kontaktzeiten möglich sind, zeigt sich in den erst wenigen bilingualen Grundschulen, in denen Sachinhalte der Fächer in einer Fremdsprache unterrichtet werden, oft durch *Native-speaker*-Lehrkräfte. Im europäischen Kontext wird dafür der Ausdruck *Content and Language Integrated Learning* (CLIL) gebraucht. Dabei ist „die Fremdsprache *nicht* Gegenstand des Unterrichts, sprachliche Strukturen werden nicht explizit vermittelt und *trotzdem* erreichen die Kinder ein hohes Niveau in der L2" (BURMEISTER 2006, S. 197).

In einem Stadtstaat wie Berlin, der mit insgesamt 27 bilingualen Grundschulen von allen Bundesländern die höchste Zahl dieses Schultyps aufweist, sind die dort lebenden Ethnien so zahlreich vertreten, dass sowohl deutsch-spanische wie deutsch-japanische bilinguale Grundschulen eingerichtet wurden. Neben neun deutsch-englischen Grundschulen gibt es auch solche mit gemischten Klassen für deutsche und französische, italienische, russische, türkische, griechische, portugiesische und polnische Kinder. Alle Bundesländer zusammen zählen rund 100 bilinguale öffentliche oder private Grundschulen. (Eine detaillierte Übersicht findet sich unter www.fmks-online.de)

Unter solchen zeitlichen Voraussetzungen des fremdsprachlichen Inputs werden erstaunliche Fortschritte und Leistungen der Kinder erbracht, wie der Auszug aus einer englischsprachigen Bildbeschreibung in dem Unterkapitel „Intelligente Fehler" demonstriert (vgl. S. 30). Zur Kompetenz des Kindes hatte allerdings auch der Besuch eines zweisprachigen Kindergartens beigetragen, der idealerweise einer bilingualen Grundschule vorgeschaltet ist und nach dem Immersionsprinzip (= „Sprachbad") arbeitet.

Die schon in Kapitel 1 erwähnte Großuntersuchung der Autoren EDELENBOS/JOHNSTONE/KUBANEK mit Beispielen aus 30 Ländern (vgl. S. 16/17) unterstreicht zusammenfassend die Bedeutung der Lernvoraussetzungen, wie sie in diesem Kapitel beschrieben worden sind:
- eine lernunterstützende Umgebung und Anschluss an das Gelernte von Jahr zu Jahr sowie beim Übergang auf weiterführende Schulen,
- positive, ermutigende oder korrigierende Rückmeldungen, die für die Verbesserung des sprachlichen Systems der Schüler von großer Bedeutung sind,
- ein besonderes Bemühen, den negativen Faktoren eines niedrigen sozioökonomischen Status entgegenzutreten.

Wenn all die hier geschilderten Faktoren wie Umwelt und Elternhaus, Selbstbild der Kinder und Ermutigung im Klassenraum in positiver Ausprägung vorhanden sind, kann man unter solchen Vorbedingungen mit Überzeugung und Sicherheit davon ausgehen, dass der Grundschulunterricht im Englischen auch langfristig gewinnbringend für dieses und jedes weitere Fremdsprachenlernen der Kinder ist.

3 Ziele und Inhalte des Frühbeginns

Seit den 90er-Jahren herrscht weitgehender Konsens darüber, dass der Fremdsprachenunterricht in der Grundschule ebenso ein Teilelement des gesamten Bildungsganges ist wie andere Grundschulfächer auch. Der dafür notwendige Aufwand ist vertretbar, wenn ergebnisorientiert unterrichtet wird und das Fach kontinuierlich in der Sekundarstufe weitergeführt werden kann. In diesem Kapitel wird beschrieben und begründet, welche Ziele und Inhalte des frühen Englischunterrichts sich inzwischen allgemein etabliert haben.

Das übergeordnete Ziel: *A positive mind-set*

Ein solches Ziel ist die positive Einstellung zur fremden Sprache und zum Fremdsprachenlernen überhaupt. Dies lässt sich schwer definieren und in konkrete Unterrichtsverfahren übertragen, auch, weil sich erst in der weiteren Schullaufbahn zeigen wird, ob das Ziel erreicht worden ist. In einem Forschungsbericht über schottische Frühanfänger heißt es, dass diese Schüler in der Sekundarstufe zwei Jahre länger als vorgeschrieben die früh gelernten Fremdsprachen fortsetzten. Sie meldeten sich auch in größeren Zahlen als zuvor für die staatlichen Abschlussprüfungen an und reduzierten damit den elitären Nimbus, den das Fremdsprachenlernen in einer geographisch isolierten Situation, ohne Kontakt zu Nachbarsprachen, dort hatte.

Diese wünschenswerte Spätwirkung kann man rückblickend als einen Indikator für *a positive mind-set* betrachten, der durch den frühen Beginn für das spätere Fremdsprachenlernen erreicht wurde (JOHNSTONE 1999, S. 138). Letzteres wird auch von FRÖHLICH-WARD berichtet. Mit 79 von 100 zu vergebenden Punkten trugen Lehrkräfte in eine Skala von 1 bis 5 in der höchsten Rubrik ein, dass ihre Lerner gern das Land ihrer Zielsprache besuchen möchten (FRÖHLICH-WARD 1999, S. 55), was gewiss eine positive Einstellung zur Fremdsprache und zu deren Sprechern ausdrückt.

Nun ist bekannt, dass jüngere Kinder ihre Fähigkeiten in der Fremdsprache positiver wahrnehmen als ältere. So vergleicht WILLIAMS die Antworten von Neun- und Zwölfjährigen zu folgenden Aussagen:
- *I am good at French/English.*
- *I can usually say what I want to say in French/English.*
- *I have a good French/English accent.*

> "In each case the nine-year-olds scored higher. [...] It appears that younger children see themselves as better at foreign languages, and that this feeling may diminish with age. This was confirmed by interviews with groups of children of the two age groups" (WILLIAMS 1994, S. 83).

Man mag einen gewissen Überschwang in der Selbstbeurteilung auf die Andersartigkeit des Frühbeginns, auf viele spielerische und musische Elemente, auf freiere Unterrichtsformen, auf *storytelling* und Rollenspiel zurückführen. Doch stellt sich trotzdem die Frage, wie diese positive Grundeinstellung so weit gefestigt und erhalten bleiben kann, dass die Schüler beim späteren Fremdsprachenlernen in den Sekundarschulen davon profitieren.

Lehrkräfte im Grundschulenglisch sollten darum die Umsetzung von affektiven Lernzielen wie *a positive mind-set* im Verbund sehen: Dies Lernziel kann nur erreicht werden, wenn gleichzeitig gesundes Selbstvertrauen, *Language Awareness* und *Cultural Awareness* aufgebaut und gefestigt werden sowie eine gewisse selbstbestätigende Sprachkompetenz von den Lernenden erreicht wird. Für dieses Ziel brauchen die Lehrkräfte selbst Freude am Englischen, sichere Sprachkenntnisse und Vertrautheit mit wenigstens einem englischsprachigen Land. Denn nach wie vor gilt, was LEWIS so formuliert:

> "Teachers are particularly important, as research suggests that the attitudes they bring to the classroom are sometimes the single most important influence in the overall success of what happens in the classroom" (LEWIS 1993, S. 29).

Stärkung des Selbstkonzepts in Bezug auf Sprachenlernen

Einer fremden Sprache zuzuhören, sich um das Verstehen zu bemühen und gar diese fremde Sprache zu sprechen verlangt Mut und Selbstvertrauen. In Kapitel 2 sind frühere Untersuchungen zum Fremdsprachenlernen im Grundschulalter zitiert worden, die alle die Bedeutung früher Erfolgserlebnisse unterstreichen.

Sie als Lehrerin sind es, die die Selbstwahrnehmung der Kinder zur eigenen Fähigkeit beim Sprachenlernen grundlegend verankern, Sie formen das Selbstkonzept in Bezug auf das Sprachenlernen. Deswegen wurde in SCHMID-SCHÖNBEIN (1998, S.115 ff.) für den allerersten Beginn ein methodischer Dreierschritt empfohlen, mit der Zielsetzung, den Kindern eine erste Selbstbestätigung zu geben. Sie sollten in den ersten Stunden erleben:
- Was ich schon alles kann.
- Was ich schon alles verstehe.
- Was ich in der englischen Sprache schon tun kann.

Damit ist gemeint, dass von Anfang an in den Lernenden die Gewissheit etabliert wird, dass sie schon eine Menge Englisch „können" (im Sinne von „kennen") sowie verstehen und dass sie damit etwas erreichen können.

Auch andere Literatur bestätigt, dass der spielerisch gewonnene Erfolg, wenn er erlebt wird, positive Auswirkung auf das weitere Fremdsprachenlernen hat. So ergab die Evaluation des Hamburger Schulversuchs „Englisch ab Klasse 3" (KAHL und KNEBLER 1996) die Einschätzung der Lehrerinnen, „dass die Motivation im 4. Schuljahr nachlassen könnte, weil der Reiz des Neuen verloren ging." Diese Befürchtungen bestätigten sich nicht. „Motivationsfördernd wirkten in der 4. Klasse vor allem Erfolgserlebnisse, die sich aus dem Lernzuwachs ergaben." Als Beispiel einer Schüleräußerung führen die Autoren an: „Der Englischunterricht in der 4. Klasse hat noch mehr Spaß gemacht als in der 3. Klasse, weil wir jetzt schon mehr sagen können." (KAHL und KNEBLER 1996, S.40) – ein Hinweis, dass zu keinem Zeitpunkt das positive Feedback (vgl. Anhang *Classroom English for Praise and Encouragement*, S. 133 ff.) in vielen Varianten für jede noch so kleine erreichte Leistung vergessen werden sollte.

Manche Kinder allerdings zeigen ein Phänomen, das die Fachliteratur *inhibition* (Hemmung) nennt. Schülerinnen und Schüler mit gering ausgeprägtem Selbstbewusstsein fühlen sich bedroht von der Aufforderung, ihr Englisch vor anderen zu erproben. Sie sind eingeschüchtert und brauchen Ihre Hilfe. Da gerade die Mündlichkeit des Unterrichts dessen hervorstechendstes Merkmal ist, sollten Sie mit dem methodischen Vorgehen der *silent period* vertraut sein. Das Konzept geht zurück auf die sogenannte „Verstehensmethode" oder *TPR* (*Total Physical Response*, vgl. Kapitel 4). Während der *silent period* lässt man Lernenden etwas Zeit, die Fremdsprache zunächst aufzunehmen, ehe sie selbst Englisch sprechen müssen. DE LEEUV kommentiert in seiner Untersuchung zur möglichen Ängstlichkeit beim Fremdsprachenlernen in der Grundschule:

> „Man sollte […] überlegen, ob es immer sinnvoll ist, jeden Schüler ganz allein vor der Klasse sprechen zu lassen und ob es manchmal hilfreich wäre, Schüler zu zweit oder zu dritt vorsprechen zu lassen, damit die Schüler, die Angst vor dem Sprechen haben, sich allmählich an das laute Sprechen vor anderen Schülern gewöhnen können" (DE LEEUV 1995, S. 178).

Diesem Prinzip kommt auch die sogenannte „Echomethode" entgegen, die in Kapitel 4 beschrieben wird und zum Ziel hat, Ungewohntes zunächst in der Gruppe zu üben, ehe der oder die einzelne Lernende sich allein traut und sodann lernt, sich über kommunikative Erfolge zu freuen und daraus Selbstbestätigung abzuleiten.

Die Lehrkraft als sprachhandelnder *Inputprovider*

Bei der Einführung des Grundschulenglisch gab es in den Bundesländern Startschwierigkeiten, weil es speziell für die Primarstufe keine ausgebildeten Englischlehrkräfte gab. Stattdessen wurden im Rahmen von Fort- und Weiterbildung Lehrkräfte mit entsprechenden Abiturkenntnissen (manchmal auch ohne) geschult. Dem lag häufig der gedankliche Kurzschluss zugrunde, dass man eine Sprache, die man bis zum Abitur gelernt hatte, doch zumindest in der Grundschule unterrichten könnte. So einfach ist es jedoch nicht.

Im Englischunterricht der Primarstufe konzentriert sich in der Fremdsprache alles auf die Lehrkraft. In ihrer Person begegnen die Kinder zum ersten Mal der fremden Sprache; darum ist von ganz besonderer Bedeutung, wie glaubhaft Sie die Sprache sprechen, welchen Klang Sie ihr geben, welche Materialien Sie einsetzen, wie und was Sie über andere Länder vermitteln, in welcher Form Sie zum englischsprachigen Handeln anleiten. Fachlich gesprochen heißt das, dass Sie als Lehrkraft verantwortlich sind für den fremdsprachlichen Input, häufig noch ohne die lernunterstützende Hilfe des Schriftbildes und damit verbundener Illustrationen, wie sie üblicherweise ein Lehrwerk von Beginn des Unterrichts an zur Verfügung stellt.

Betrachtet man die Rolle des Inputs näher, so müssen Lehrerinnen und Lehrer im Grundschulenglisch auch in der Lage sein, das umzusetzen, was im Erstsprachenerwerb mit *motherese* oder *caretaker speech* bezeichnet wird. Darunter versteht man die Eigenarten, die die Erwachsenensprache gegenüber dem Kleinkind anwendet, um Verständnis aufzubauen und zu sichern (vgl. BUTZKAMM und BUTZKAMM 2004, S. 102). Die Eigenschaften von *motherese/caretaker speech* sind

- besonders klare Artikulation,
- langsamere Sprechgeschwindigkeit,
- längere Pausen,
- akzentuiertere Intonation,
- vereinfachter Wortschatz,
- geringere syntaktische Komplexität,
- häufige Bestätigungen, dass das Kind verstanden hat,
- Überprüfung des Verständnisses,
- wörtliche Wiederholungen durch das Kind oder den Erwachsenen,
- Paraphrasen und Korrekturen.

Wenn Erwachsene gegenüber dem Kind, das die Erstsprache erwirbt, auf diese Weise sprechen, möchten sie den Prozess der Aneignung erleichtern. Es ist daher nur sinnvoll, auch im Sprachunterricht der Grundschule diese verständniserleichternden Mittel auf das eigene Englisch anzuwenden, zumal die Lernenden viel weniger Zeit und Gelegenheit haben, fremdsprachlichen Input aufzunehmen, als Kinder in der Phase des muttersprachlichen Erwerbs (vgl. die Berechnungen in Kapitel 1). Sie als Lehrerin oder Lehrer werden also im Hinblick auf syntaktische Komplexität kaum sagen: *Well, listen, since you were so late for class today and took up so much time in arranging the desks and chairs I won't be able to read the book to you.* Sinnvoller wäre es, auf die Uhr, auf eine möglichst große, zu zeigen und, mit entsprechender Mimik und Gestik, zu sagen: *Sorry, time's up, I can't read the book to you now. Perhaps next time.*

Die geschilderten Spracherwerbshilfen von *motherese* oder *caretaker speech* unterstützen das didaktische Prinzip des mündlich vermittelten *comprehensible input*, das als der wichtigste Faktor des Spracherwerbs überhaupt bezeichnet wird. BUTZKAMM (1998, S. 46) zählt diesen Faktor zu den zehn Grundsatzprinzipien des Fremdsprachenlernens und -lehrens. Unter *comprehensible input* wird verstanden, dass die sprachlichen Äußerungen der Lehrkraft wie auch die angebotenen Lernmaterialien inhaltlich und auch formal, d.h. lexikalisch und grammatisch, für die Lernenden *comprehensible*, also verständlich, sind. Dies werden sie sein, wenn Sie als Lehrkraft Ihre Vermittlung handlungsorientiert umsetzen, d.h. jede zu erlernende Struktur, jede neue Lexik möglichst in Handlungen und sprachliche Aufgaben einbetten. Durch Ihre Demonstration können die Lernenden Sprache funktional erleben. Dann hängen sich z.B. nach Ihnen weitere „Touristen" aus Ihrer Klasse mit großer Begeisterung die von Ihnen mitgebrachte Kamera um, setzen die Baseballmütze auf, nehmen den Stadtplan in die Hand und fragen eine „Passantin" genau so wie vorher Sie selbst: *Excuse me, where's the bus stop?*

Globalisierung als Inhalt des handlungsorientierten Klassenzimmers

Act locally – think globally ist ein zunehmend häufig gehörter und gelesener Slogan. Aber betrifft das die Grundschule? Sie wurde gemeinhin wahrgenommen als der Hort der Heimat, des Nahen, Vertrauten, der eigenen Gemeinde, Nation und Sprache. Wenn auch die Lernziele des näheren Umfeldes weiterhin ihre volle Berechtigung haben, so ist über diese hinaus der Horizont bereits durch die Zielsetzung „Lernen für Europa" erweitert worden.

Hier deutet sich schon die Intention dieses Unterkapitels an: Der Blick ist nicht mehr auf Europa beschränkt, sondern umfasst – *think globally* – die Welt, dies besonders, wenn Sie *English as a global language* unterrichten. Beginnend mit dem ersten Tag, an dem Sie Ihren Unterricht planen, werden Sie Druckerzeugnisse des täglichen Lebens in englischer Sprache sammeln und in Ihre Klasse mitbringen wollen, um sie dort an einer großen Pinnwand anzuheften, *bits and pieces* von authentischen Materialien: Fahrkarten, Prospektmaterial, Postkarten, Parktickets, Eintrittskarten, Lebensmittelaufkleber oder -beschriftungen sowie Reklame vielfacher Art. Wenn Sie und Ihre Schüler die Mitbringsel auf einer großen Weltkarte anheften, womöglich zusammen mit Fotos von Verwandten oder Freunden, die in englischsprachigen Ländern leben, bekommen Ihre Schüler allmählich eine Vorstellung davon, wie weit die englische Sprache auf der Welt verbreitet ist.

Noch überzeugender ist es, wenn Sie als Gast einen *native speaker* in Ihre Klasse bringen, der dann auf der Weltkarte kennzeichnet, woher er kommt. Instinktiv wird ein solcher *native speaker* sich auf die Kinder in Ihrer Klasse einstellen und seine eigene Sprache durch Charakteristika von *motherese* oder *caretaker speech* modifizieren. Nichts stärkt das Selbstkonzept mehr, als wenn die Kinder auch nur die kleinsten Einheiten englischer Sprache in wirkliche Kommunikation umsetzen können. Dafür gibt eine zuvor hergestellte Fotocollage jeweils der eigenen Familie einen authentischen Anlass, um sich dem *native speaker* vorzustellen: *Look, this is my family. I've got a brother. His name is Sven. I've got a baby sister, too. She's one year old. Her name is Kathrin. This is our dog/cat/car/house.*

Dies Vorgehen schlägt auch DE LEEUV (1995) als Konsequenz seiner Untersuchung von 104 Schülerinnen und Schülern vor, die in fünf hessischen Grundschulklassen Englisch lernten. Einzelinterviews zu möglichen Ängsten beim Fremdsprachenlernen ergaben, dass 16 % aller Befragten Scheu vor der Situation empfanden, mit Ausländern oder im Ausland sprechen zu müssen. Sie fürchteten, dabei nicht mit der Sprache zurechtzukommen. Neben der Verbalisierung und offenen Diskussion solcher Befürchtungen empfiehlt DE LEEUV:

> „Die Schüler könnten z. B. einen Muttersprachler in ihre Klasse einladen und mit ihm oder ihr ein Interview in der Fremdsprache durchführen. Schon in der 3. Klasse können Schüler in der Zielsprache einfache Fragen stellen, Lieder vorsingen oder etwas über sich sagen. Wenn sie erleben, dass ein *professional* Muttersprachler sie verstehen kann und dass sie den Muttersprachler verstehen können, weckt dies die Bereitschaft, Kontakt mit anderen Muttersprachlern in ihrer Umgebung und im Ausland aufzunehmen" (DE LEEUV 1995, S. 184).

Ersatzweise können die *native speakers* und die weite Welt per E-Mail in den Klassenraum geholt werden (vgl. Kapitel 4). Es empfiehlt sich auch, während eines Auslandsaufenthaltes so viel wie möglich in einer englischsprachigen Grundschule zu hospitieren, um auf diese Weise persönliche Kontakte für eine E-Mail-Kommunikation in Ihrer Klasse zu knüpfen. Im Internet finden Sie dafür auch Vermittlungslisten, z. B. für den Primar- und Sekundarbereich die St. Olaf-Liste (http://www.stolaf.edu). Welche Auswirkung auf das Selbstkonzept Ihrer Lerner wird es haben, wenn sie in noch so bescheidenem sprachlichem Rahmen Kontakte mit Klassen in Alaska oder Australien, in Großbritannien oder Gibraltar haben und dabei authentisches Englisch erfahren.

Language Awareness als konstruktive Neugier

Wenn Ihre Schüler in der Grundschule erst mal erfahren haben, dass ihre fremdsprachlichen Äußerungen verstanden werden, entwickeln sie schnell eine positive Einstellung zum Fremdsprachenlernen und eine konstruktive Neugier auf das „Andere" dieser Sprache. Damit ist ein weiterer wichtiger Schritt getan.

Was kommt heute? Sagt sie wieder so etwas, das klingt wie [kən juː kaʊnt ðə bɔɪz ənd gɜːlz fɔ miː, pliːz]? *Da will sie wieder wissen, wie viel wir heute sind. Und wenn wir dann zählen, sogar bis* [ˈtwənti wʌn], *dann strahlt sie und sagt* [ˈθæŋk juː]. *Kann man also sagen für „danke" – sagen wohl alle Engländer.*

Ein solcher innerer Monolog illustriert, was die Fremdsprachendidaktik seit den 80er-Jahren *Language Awareness* nennt. Durch die Außenperspektive auf eine andere Sprache, durch den Kontrast zur eigenen Sprache kommt eine Sprachbewusstheit zustande. Sie ist eine wichtige Voraussetzung für alles weitere Sprachenlernen. Wer sensibel wird gegenüber den Struktureigenheiten von Sprache und ihrer Funktion im menschlichen Zusammenleben, wer ein geschärftes Bewusstsein dafür entwickelt, kann fremdsprachliche Eigenheiten viel leichter korrekt anwenden.

Nun ist es eine bekannte Erfahrung, dass junge Menschen, die drei Fremdsprachen gelernt haben, meinen, die vierte sei sehr viel leichter zu lernen gewesen, selbst dann, wenn es sich bei der dritten um Niederländisch und der vierten um Spanisch handelte, also um Vertreter aus verschiedenen Sprachfamilien mit ganz unterschiedlichen Struktureigenheiten. Wir reagieren darauf üblicherweise mit der Bemerkung, ein solcher Mensch sei eben „sprachbegabt". Aus Einsicht in die eigene Lerngeschichte entgegnete jedoch einer jener jungen Menschen auf die wohlmeinende Bemerkung über die Begabung: „Nein, ich hab es nur gut gelernt" – und meinte auf Nachfragen, er sei eben durch das vermehrte Fremdsprachenlernen ein gewiefter, sprich: aufmerksamer und bewusster Fremdsprachenlerner geworden.

Solche Bewusstheit kann sich auch auf „erwartungswidrige" Vokabeln oder auf die Aussprache der anderen Sprache beziehen, auf sogenannte Interferenzen, die zu Fehlern führen können. Das Lehrerhandbuch zum Englischlehrwerk *Ginger 2* (HOLLBRÜGGE/KRAAZ 2004, S. 194) gibt deswegen folgende Hinweise:

„Im britischen Englisch wird ein Handy als *mobile (phone)*, im amerikanischen Englisch als *cell phone* bezeichnet, nie jedoch als *handy* (handlich). – Eine SMS-

Nachricht bezeichnet man im Englischen als *text message*, nicht als SMS". Und zur Aussprache wird z. B. erklärt, dass die Betonung gerade anders ist als im Deutschen: „Zu beachten ist die Betonung auf der ersten Silbe von *mobile* ['məʊbaɪl] und *sandals* ['sændlz]".

Die Hinführung zu *Language Awareness* muss sich nicht immer auf den Kontrast zwischen Deutsch und Englisch beziehen. In deutschen Grundschulen hatten im Jahr 2008 von 100 Kindern 29 im Alter von 6 bis 11 Jahren einen Migrationshintergrund (SPIEWAK 2008). Das sind als Mittelwert fast 30 Prozent, der je nach Region und Großstadt noch übertroffen wird. Wie viele Möglichkeiten können somit genutzt werden, innerhalb des multiethnischen Klassenraums immer wieder zu fragen „Wie macht deine Sprache das, Mohammed?" „Wie heißt ‚Winter' auf Spanisch, Fatima?" Hier zeichnet sich eine Schnittstelle von *Language Awareness* und der nachfolgend beschriebenen *Cultural Awareness* ab. In deren Zusammenspiel ergeben sich immer wieder Gelegenheiten, Merkmale der unterschiedlichen Muttersprachen und Kulturen bewusst zu machen.

Cultural Awareness und fremd-kulturspezifische Inhalte

Eine aufgeklärte Lehrkraft wird also die Chancen und Möglichkeiten der Bildungs- und Unterrichtsbereicherung nutzen, die eine multikulturelle Klassenzusammensetzung mit sich bringt. Auch über den Klassenraum hinaus ist die Welt der Grundschulkinder nicht mehr monokulturell. Schon im Kindergarten haben sie Kinder mit anderem kulturellen Hintergrund und deren Eltern kennengelernt. Auf der Straße und erst recht im Fernsehen erleben sie Vertreter anderer Ethnien. Vieles an Spielzeug und Kleidung kommt mit *Made in ...* -Aufdrucken aus einer anderen Welt, und die Zutaten für besondere Gerichte werden im *Asia-Shop* gekauft.

Dieses Gesamtbild veranlasst DOYÉ (1999, S. 25) zu der Feststellung:

> *"If it is the purpose of all education to help the individual to function well in his or her society and if this society is multicultural already, then such help cannot be postponed to the secondary level of education but must be given from the earliest stage of formal education, i. e. from the primary school onwards."*

Wie kann und sollte diese Hilfe aussehen? Welche fremd-kulturspezifischen Inhalte sind es, die den Lernenden helfen sollen, andere Perspektiven einzunehmen und dem Fremden nicht mit Misstrauen zu begegnen?

Nicht nur für das Grundschulenglisch ergibt sich zu dieser Frage eine merkwürdige Situation. In dem Maße, wie sich die englische Sprache als *Lingua franca* auf der Welt etabliert hat, haben sich auch die kulturspezifischen Inhalte von Englischkursen verändert. Gab es früher eindeutig zu identifizierende Themen wie *by car and ferry to England, English breakfast, hockey and cricket, school uniforms, London buses, birthday parties, Christmas stockings* und waren diese vorwiegend auf *Great Britain* bezogen, so haben solche Inhalte inzwischen an Prominenz verloren. Der Blick richtet sich jetzt darauf, dass es viele englischsprachige Kulturen gibt und man sich als Lehrkraft fragen kann, ob es die *Beach-Party* in Bikinis und Bermudas sein soll, die z.B. als typisch kultureller Weihnachtsinhalt für Australien vermittelt wird.

Der Europarat setzt im Gemeinsamen Europäischen Referenzrahmen (GER, vgl. das folgende Unterkapitel) eine eindeutige Priorität und beschreibt eine „integrierte plurikulturelle Kompetenz" als übergeordnetes Lernziel allen Fremdsprachenlernens (GER 2001, S.18). Zweifellos gehört dazu eine mehrsprachige Kompetenz, wobei eine gute linguistische Kompetenz in einer Sprache immer eine hervorragende Basis für ein vertieftes Eindringen in die Kultur der Sprechergemeinschaft dieser Sprache ist. Der Begriff der interkulturellen oder plurikulturellen Kompetenz besagt jedoch noch mehr. Die Fähigkeiten, die Kompetenzen, die hier erworben werden sollen, haben einen weiteren Horizont als nur den der Kultur und der Sprache, die im jeweiligen Unterricht Zielsprache ist. Erworben werden sollen Kenntnisse, Einstellungen und Fertigkeiten, die es ermöglichen, ganz generell, also sprachunspezifisch, mit Vertretern anderer Kulturen zu kommunizieren, ihre Sprache und ihre Kultur zu respektieren. Dies sollte möglichst vorurteilsfrei und frei von Ethnozentrik sein, mit der man leicht in Gefahr gerät, die eigene Sprechergemeinschaft zum „Nabel der Welt" zu machen und seine eigene Weltsicht einzugrenzen. HUNFELD hat für diese veränderte Perspektive den nun schon klassisch gewordenen Begriff der „Normalität des Fremden" geprägt, eine Sichtweise, die der Unterricht vermitteln müsse. Dazu sagt er, die Kinder müssten „früh lernen, dass das Fremde in ihrem Alltag eine normale, keine singuläre und außergewöhnliche Erscheinung ist. Sie müssen weiter den Fremden in einer Haltung begegnen lernen, die das Fremde weder stilisiert (das Exotische), noch übersteigert (das Idealisierte), noch herabsetzt (das Minderwertige), noch ganz allgemein nur aus der Perspektive des je eigenen Weltbildes bestimmt (Stereotyp, Klischee)" (HUNFELD 1992, S.42).

Eine Zusammenfassung der Argumentation müsste also folgendermaßen aussehen:

- Eine kulturelle Bewusstheit lässt sich im multikulturellen Klassenraum oder dem Umfeld der Grundschule ohne Schwierigkeit erarbeiten, weil Fremdkulturen täglich gegenwärtig sind. Kulturelle Bewusstheit *(Cultural Awareness)* hat die Erkenntnis der eigenen Werte und Traditionen zum Ziel sowie das Verständnis, dass das Fremde und der Fremde normal sind. Andere kulturbestimmte Werte, Traditionen und Äußerungsformen gilt es zu respektieren, bis zu dem Punkt, an dem sie unsere eigenen Werte verletzen.
- Vor dem Hintergrund der eigenen kulturellen Bewusstheit kann als Ziel „interkulturelle Kompetenz" angebahnt werden, die es den Lernenden ermöglichen soll, eigene Wertvorstellungen in Relation zu sehen zu den Werten und Sprachen anderer Menschen.
- Englisch ist eine auf der Welt plurikulturell vertretene Sprache. In der Vermittlung des Englischen in der Grundschule können fremd-kulturspezifische Inhalte weder diese Vielfalt widerspiegeln, noch kann die Lehrkraft in allen von ihnen zu Hause sein.
- Für die Lehrkraft sind jedoch eine hohe Sprachkompetenz im Englischen wie eine ausgeprägte Vertrautheit mit einer der im Englischen etablierten Kulturen unverzichtbar, um sowohl kontrastiv kulturelle Bewusstheit zu etablieren wie auch „interkulturelle Kompetenz" anzubahnen.

Sprachbewusstheit, kulturelle Bewusstheit, interkulturelle Kompetenz – das sind hohe Ansprüche und Ziele für den Frühbeginn in einer Fremdsprache. Nur wer seinen Unterricht gezielt vorausplant und kritisch reflektiert, wird diese Ziele anbahnen können. Dabei wird immer der eigene interkulturelle Hintergrund der Lehrkraft ausschlaggebend sein: Haben Sie sich vermehrt in den Vereinigten Staaten aufgehalten, werden Sie sich sicherer fühlen, wenn sie Besonderheiten dieses Kontinents vermitteln. Sind Sie längere Zeit in Australien oder Neuseeland gewesen, bietet es sich an, dass Sie Ihre Fotos, Andenken, Erfahrungen einbringen. Fühlen Sie sich eher in England oder Schottland zu Hause, bringen Sie möglicherweise Bücher über *Peter Rabbit* und seine Geschwister mit. Was immer Sie auch exemplarisch aus der einen oder anderen englischsprachigen Kultur in die Klasse bringen – die Hauptsache ist, dass Sie Ihre Begeisterung darüber weitergeben können und den Lernenden vermitteln, wie „normal" dieses „Fremde" ist. Als weitere Unterstützung finden sich zahlreiche gut illustrierte Beispiele zur *intercultural education* in DOYÉ 1999 auf den Seiten 73 bis 109.

Vielzitiert: der „Gemeinsame Europäische Referenzrahmen" (GER)

Der Europarat *(Council of Europe)* als internationale Organisation mit Sitz in Straßburg wurde 1949 gegründet und hat heute (im Jahr 2008) 47 Mitgliedsstaaten. Es handelt sich um eine bildungspolitisch ausgerichtete Institution mit dem Ziel, Erziehung und Bildung in ganz Europa zu fördern, Forschungen im Bildungsbereich zu unterstützen und entsprechende Ergebnisse in Publikationen vorzulegen.

Eine vielbeachtete Veröffentlichung im Jahr 2001 des Europarats heißt im vollen Titel: „Gemeinsamer europäischer Referenzrahmen für Sprachen: lernen, lehren und beurteilen" (GER; englisch: *A Common European Framework of Reference for Languages*). Die Publikation ist für alle Länder und Sprachen Europas gültig und für eine Vielfalt von Adressaten und Zielen konzipiert. Auf der Basis definierter Kompetenzstufen in drei jeweils zweigliedrigen Niveaus, aufsteigend von A1 *(Breakthrough)* bis zu C2 *(Mastery)*, werden die zu erreichenden sprachlichen Fähigkeiten und Fertigkeiten beschrieben, und zwar als sogenannte *can-do statements*, also durch eine Skala des Könnens. Ihr zugrunde liegt ein kommunikativ und handlungsorientierter Ansatz. Ein Beispiel auf der Niveaustufe A1 aus dem Fertigkeitsbereich „Hören": „Ich kann vertraute Wörter und ganz einfache Sätze verstehen, die sich auf mich selbst, meine Familie oder auf konkrete Dinge um mich herum beziehen, vorausgesetzt, es wird langsam und deutlich gesprochen". Zum Vergleich: Die Beschreibung des gleichen Fertigkeitsbereiches auf der Niveaustufe C2, also der Stufe von *mastery*, lautet: „Ich habe keinerlei Schwierigkeit, gesprochene Sprache zu verstehen, gleichgültig, ob *live* oder in den Medien, und zwar auch, wenn schnell gesprochen wird. Ich brauche nur etwas Zeit, mich an einen besonderen Akzent zu gewöhnen" (GER 2001, S. 36).

Entstanden ist der Referenzrahmen auf der Basis von Arbeiten mit Lehrkräften und Schülerinnen und Schülern der Sekundarstufe I und II. Beabsichtigt ist eine Vergleichbarkeit der fremdsprachlichen Fähigkeiten und Fertigkeiten von Lernern quer durch Europa, hauptsächlich, mit Blick auf die Freizügigkeit und Mobilität, für das Berufsleben. Die zu den Kategorien ausformulierten Verhaltensbeschreibungen (Deskriptoren) beschreiben daher Verhalten von jugendlichen oder erwachsenen Lernern. So hört man aus dem Deskriptor für das Anfängerniveau (A1) der Kategorie „Beherrschung der Aussprache und Intonation" deutlich die Zielgruppe des erwachsenen Lerners heraus: „Die Aussprache eines sehr begrenzten Repertoires auswendig gelernter Wörter und Redewendungen kann mit einiger Mühe von Muttersprachlern verstanden werden, die den Umgang mit Sprechern aus der Sprachengruppe des Nicht-Muttersprachlers gewöhnt sind" (GER 2001, S. 117).

Eine solche Formulierung könnte ein Hinweis sein für einen Arbeitgeber in England, der einen polnischen Elektriker für eine Arbeitsgruppe einstellen will, in der schon mehrere Polen seit einiger Zeit tätig sind, immer vorausgesetzt, der Elektriker hat vorher einen englischen Sprachkurs belegt, an dessen Ende ihm für den Bereich „Beherrschung der Aussprache und Intonation" die Niveaustufe A 1 bescheinigt wird.

Ein anderes Beispiel: Die Universität Köln erwartet von den Studienanfängern, dass sie die englische Sprache auf dem Niveau B 2 des GER beherrschen, um mit dem Englischstudium beginnen zu können. Für die neuen Bachelor-Studiengänge wird dies auch abgeprüft. Im „Europäischen Sprachenportfolio" (ESP) von 1997 können solche Niveaustufen festgehalten werden. Es wurde vom Europarat mit drei Teilen herausgegeben: dem Sprachenpass, einer Sprachbiografie und dem Dossier. Im Letzteren kann der Lerner eigene fremdsprachliche Arbeiten zusammentragen, in der Sprachenbiografie beschreiben, welche Sprachen er innerhalb und außerhalb der Schule gelernt hat, und im Sprachenpass die jeweilige Kompetenzstufe gemäß dem GER auf der Fähigkeitsskala eintragen. Beide Dokumente, der GER und das ESP, hatten und haben große Auswirkungen in unserem Schulwesen. Arbeitsgruppen der Bundesländer und der Kultusministerkonferenz sind gehalten, sich bei der Erarbeitung länderübergreifender Standards strikt auf den GER zu beziehen.

Die Schulministerien der Bundesländer haben den GER als Grundlage für Lehrpläne und die Überprüfung von Ergebnissen des Unterrichts genutzt. So benennt z. B. der Lehrplan Englisch für die Grundschule des Landes Nordrhein-Westfalen im Bereich Schreiben ausdrücklich die Kompetenzstufe A 1 und formuliert: „eine einfache, kurze Postkarte schreiben und eine kurze Personenbeschreibung, z. B. als Steckbrief, vervollständigen" (MINISTERIUM FÜR SCHULE, JUGEND UND KINDER NRW 2003, S. 37). Das ESP diente als Vorlage für die Entwicklung länderspezifischer Sprachenportfolios für die Grundschule, wie sie inzwischen in einer Reihe von Bundesländern vorliegen, so in Brandenburg, Hessen, Mecklenburg-Vorpommern, Niedersachsen und Thüringen. Auch hat die „Bund-Länder-Kommission" mit dem „Grundportfolio" für die Klassen 3 und 4 als Teil des „Europäischen Portfolios für Sprachen" als Herausgeber und in Zusammenarbeit mit den Ländern Berlin, Bremen, Hessen und Nordrhein-Westfalen eine Vorlage für die Grundschularbeit erstellt (Bund-Länder-Kommission 2007).

Diese Entwicklung ist nicht ohne Widerspruch geblieben. MINDT/ WAGNER (2007) haben kritisiert: „Der GER ist als Bezugsrahmen für das Lernen von Einzelsprachen sowie für die Ermittlung und Bewertung des Gelernten nur von eingeschränkter Bedeutung. Es fehlt der Bezug auf die Schulsysteme der einzelnen Länder Europas, und es fehlt die Berücksichtigung der Adressaten und Ziele der Primarstufe. Darüber hinaus bleiben die Bausteine der zu erlernenden Einzelsprache unberücksichtigt" (MINDT/ WAGNER 2007, S. 31).

WAGNER (2008) kritisiert die ausstehende „Füllung" des „Rahmens", wie bezeichnenderweise der Name des Dokumentes lautet, und fordert ein, dass bei den Adressaten „eine genaue Zuordnung der entsprechenden Schulform zu den Niveaustufen des GER vorzunehmen" ist. Neben der Füllung des GER mit Bausteinen der jeweiligen Einzelsprache (Wortschatz, Grammatik, Redemittel für Sprachfunktionen, Aussprache/Intonation, Schriftbild) müssten die Gewichtung von Fertigkeiten vorgenommen und Hinweise für die Formulierungen operational definierter Lernziele erstellt werden. Schließlich fordert die Autorin die Realisierung eines häufig geäußerten Wunsches: „Wünschenswert wäre eine Einigung der Bundesländer auf eine von allen akzeptierte vergleichbare Füllung des Rahmens. Dies wäre notwendig für gemeinsame Standards und würde den Wechsel von Familien in andere Bundesländer spürbar erleichtern" (WAGNER 2008, S. 37).

Kompetenzbereiche in den Lehrplänen der Bundesländer

In allen Bundesländern liegen Lehrpläne oder Teile von Rahmenplänen für Englisch in der Grundschule vor. Alle erschienen nach dem Jahr 2000. Lediglich in Hessen gilt noch der Rahmenplan von 1995. Aufgrund der Kulturhoheit der Länder und der unterschiedlichen Traditionen im Frühbeginn weichen die Lehrpläne in Einzelheiten voneinander ab; für jede Lehrkraft ist ohnehin der Lehrplan ihres Bundeslandes verpflichtend. So soll und kann in diesem Unterkapitel nur ein zusammenfassender Überblick jener Kernbereiche gegeben werden, die als Kompetenzbereiche mehrfach oder gar übereinstimmend in den Lehrplänen aufgeführt werden. Die Texte der einzelnen Lehrpläne können bei den entsprechenden Länderwappen eingesehen werden unter: www.uni-koblenz.de/~ifaangl/ links.htm. Einen guten Überblick der Intentionen gibt die KMK (2005), die für den mittleren Schulabschluss bereits verbindliche, länderübergreifende Standards für den Englischunterricht entwickelt hat, für die Grund-

schule dies jedoch derzeit nicht vorsieht. Zu den Lehrplänen heißt es zusammenfassend:
„Nach Auffassung der Länder strebt der fremdsprachliche Unterricht in den Jahrgangsstufen 1 bis 4 erzieherische, motivationale und sprachlichfachliche Ziele an:
- Freude und Motivation für das Lernen fremder Sprachen wecken und stärken (Grundlegung einer Erziehung zur Mehrsprachigkeit),
- für die Gemeinsamkeiten und Unterschiede von Sprachen sensibilisieren,
- eine aufgeschlossene Haltung gegenüber anderen Sprach- und Kulturgemeinschaften fördern, damit Vorurteile nicht entstehen oder sich nicht verfestigen (Förderung interkultureller Kompetenz),
- die Voraussetzungen für das weitere fachliche Lernen stärken (Merkfähigkeit erhöhen, Sprechbereitschaft fördern),
- eine grundlegende fremdsprachliche Kompetenz auf der Basis sinnstiftenden Hörverstehens entwickeln sowie elementare Kenntnisse der Lebensweise in anderen Ländern vermitteln,
- mit einem systematischen schulstufenübergreifenden Konzept für die Fremdsprachen arbeiten, durch das am Ende der Klasse 4 ein Lernstand erreicht wird, auf dem der Unterricht in Sekundarstufe I aufbauen kann.

Phonetische Fähigkeiten in Verbindung mit Hörverstehensleistungen bilden die Grundlage für eine elementare kommunikative Kompetenz, unter der die Fähigkeit verstanden wird, in Alltagssituationen den Inhalt einfacher fremdsprachlicher Mitteilungen zu erfassen und angemessen zu reagieren" (KMK 2005, S. 2–3).

In dieser Aufstellung kommt nicht zum Ausdruck, was z.B. die Lehrpläne von Sachsen-Anhalt und Baden-Württemberg „Sprachlernkompetenz" nennen, nämlich die Fähigkeit, Sprachlernstrategien wie „aufmerksames Zuhören" oder „nach sprachlichen Regelmäßigkeiten suchen" (das *-er* in *singer, writer, baker, butcher* kennzeichnet immer einen Beruf) bewusst einzusetzen. Solche Sprachlernstrategien zu entwickeln bezeichnet der Lehrplan von Baden-Württemberg als „zentrales Ziel", Niedersachsen spricht von „Methodenkompetenz", Bayern und Sachsen von „Sprachbewusstsein", das es zu entwickeln gilt, Nordrhein-Westfalen von „Sprachbewusstheit".

Die funktionalen kommunikativen Kompetenzen werden nach wie vor in Hörverstehen, das zu „Hör-/Sehverstehen" erweitert ist, Sprechen, Lesen oder Leseverstehen und Schreiben untergliedert. Dabei beziehen sich

Niedersachsen, Nordrhein-Westfalen und Sachsen-Anhalt ausdrücklich auf die Niveaustufe A 1 des GER. Lediglich Thüringen formuliert, dass „Lesen und Schreiben keine eigenständigen Lernbereiche" sind. Diesen Kompetenzen werden verbindliche Sprachfunktionen/Sprachabsichten/Redeabsichten wie „Sich verabschieden, jemanden einladen, sich entschuldigen" zugeordnet, es werden sprachliche Mittel dafür aufgelistet (so im Anhang in Nordrhein-Westfalen) oder Themenbereiche mit verbindlichem Wortschatz vorgegeben, so in Bayern.

Problematisch ist das übergeordnete Lernziel „Interkulturelle Kompetenz" (so in den Lehrplänen von Baden-Württemberg, Bremen, Sachsen-Anhalt), das in den anderen Ländern weniger anspruchsvoll benannt wird. So werden z.B. „Einblicke in andere Kulturen" (Thüringen), „Umgang mit kultureller Differenz" (Niedersachsen) oder „Interesse und Freude an der Beschäftigung mit einer fremden Sprache und Kultur" (Bayern) angestrebt. Letzteres klingt schon angemessener für zehnjährige Kinder und kann vorbereitend sein auf dem langen Weg zur „Interkulturellen Kompetenz", wie sie der GER als übergeordnetes Lernziel vorgibt.

Die grundlegende Bedeutung des Hörverstehens

Grundlegend für alles Sprachenlernen ist das Hörverstehen, im muttersprachlichen Lernen wie auch im fremdsprachlichen. Das Hörverstehen aufzubauen ist bereits während des ersten Lebensjahres ein sehr aktiver mentaler Prozess. In ihm werden Laute aufgenommen, in kleinere oder größere Einheiten segmentiert und mit einer zu konstruierenden Bedeutungszuweisung verarbeitet. „Hörverstehen bedeutet immer Dekodieren, Konstruieren von Bedeutung und Interpretieren von Gemeintem" (HERMES 1998, S.221) und ist also keineswegs eine rezeptive Fertigkeit, bei der man nur etwas „aufnimmt", selbst aber nicht aktiv ist. Die Sichtweise von Hörverstehen als aktivem Lernprozess birgt zudem ein Kuriosum in sich. Wir sind gewöhnt zu denken, dass zu Lernendes auch gelehrt werden könnte. Das ist leider nicht der Fall. Dazu HERMES:

> „Das Hörverstehen selbst kann nicht gelehrt werden, es können nur Situationen geschaffen und Materialien präsentiert werden, an denen die Schülerinnen und Schüler sich versuchen. [...] Was genau beim Hörverstehensprozess vor sich geht, ist nicht beobachtbar. Was wir tatsächlich beobachten können, sind die Auswirkungen dessen, dass etwas verstanden, was verstanden und mit welcher Genauigkeit es aufgenommen worden ist" (HERMES 1998, S. 221).

So ist denn folgendes Ergebnis von Bedeutung, das KAHL und KNEBLER in der Evaluation des Hamburger Schulversuches erfassten: Mehrere Lehrerinnen hatten das Hörverstehen ihrer Lerngruppen so weit fördern können, dass die Schülerinnen und Schüler am Ende des vierten Schuljahres „auch ohne Unterstützung durch grafische bzw. bildliche Hilfen vorgelesene bzw. frei erzählte Geschichten verstehen und gemeinsam reproduzieren konnten.

Grundsätzlich zeigten alle Versuchsklassen eine erfreulich große Bereitschaft, sinnentnehmend zu hören: Sie tolerierten einzelne unbekannte Redemittel und konzentrierten sich auf den inhaltlichen Zusammenhang der Geschichten" (KAHL und KNEBLER 1996, S. 23). Ausdrucksvolle Mimik und Gestik werden Sie geschickt bei den sogenannten „kleinen Geschichten des Alltags" semantisierend für das Hörverstehen einsetzen. Die „Geschichte vom verlorenen Schlüsselbund" können Sie z.B. hochdramatisch erzählen, indem Sie zuerst gegen Ende der Stunde in Ihrer Tasche suchen: *Oh dear, where's my keyset?* Sie deuten mit einer Handbewegung das Drehen eines Schlüssels an: *The key to my car, the key to my apartment door – My keyset isn't in my bag.* Dann Jackentaschen abklopfen und hinein gucken: *Is it in this pocket? No. Perhaps in this one? No!* Verzweifelt: *So where IS my keyset?* Mantel abklopfen: *Is my keyset in here? No? So where IS it? Can you help me, please?* Bitten Sie ein Kind, gemeinsam mit Ihnen den Lehrertisch abzusuchen, auf dem sich, oh, Wunder, unter Büchern der Schlüsselbund findet. *So here is my keyset* (hochhalten, zeigen, damit klappern), *I'm so glad I found it. Thank you for your help, Tom.* Es wird kein Kind in Ihrer Klasse geben, das die Strukturen *Where's my keyset? Where is it? Is it in X?* im Rahmen dieser häufig erlebten und authentischen Alltagssituation voller Empathie mit Ihnen nicht verstanden hat.

Bei solchen kleinen und erst recht bei den größeren Geschichten ist ein konzentriertes Hinhören erforderlich, und nicht wenige Kinder haben damit anfänglich Schwierigkeiten. Sie sind mit visuellen und mit Musik überlagerten Reizen im Fernsehen überfüttert. Es ist für sie ungewohnt, längere Zeit intensiv dem gesprochenen Wort zuzuhören. Da hilft nur, dass Sie dem *storytelling* einen ganz besonderen Status zuweisen, zuerst eine absolute Ruhe im Stuhlkreis abwarten und dann mit leiser Stimme anfangen zu erzählen. So schaffen Sie eine Oase der Ruhe und der Konzentration, die die Lernenden bald zu schätzen wissen. *Sound and word discrimination* sind in der Schulung des Hörverständnisses eine erhebliche Lernleistung, bei der die lernerleichternde Funktion des Schriftbildes nicht unterschätzt werden darf. Vergegenwärtigen Sie sich z.B. das Migrantenkind, das, ohne Deutsch lesen und schreiben zu können, auf der Straße beim

Spielen eine Aussage hört, die klingt wie: „Wosnderodelastwa'n". Wie soll dieses Kind aus dem Sprachstrom ausgliedern – und lernen –, dass es sich um die Frage nach dem Verbleib eines roten Lastwagens handelt? Ähnlich werden Sie im Grundschulenglisch erleben, dass Ihre Schülerinnen und Schüler den Unterschied zwischen *I like birds/teddy bears/dogs* und der Antwort auf die Frage *What would you like – a glass of orange juice or a glass of milk?*, nämlich das *I'd like XYZ*, erst beherrschen lernen, wenn sie beide Formen an der Tafel geschrieben sehen und somit unterscheiden lernen, was sie vorher nicht ausreichend differenzieren konnten.

Lesen und Schreiben in der Fremdsprache

Zu Beginn der 90er-Jahre fürchteten viele Lehrkräfte im Englischunterricht der Grundschule die möglichen Störungen (Interferenzen) zwischen dem Erwerb des Schreibens in der Muttersprache und den englischen Schriftbildern. Ein paar Jahre später trat jedoch ein Wandel in dieser Auffassung ein: Man begann, die Möglichkeiten der Lernerleichterung durch das Schriftbild zu sehen. Mit Erstaunen wurde das Lehrwerk *Pop Goes the Weasel* (1993/1994) von HANS-EBERHARD PIEPHO registriert. Für ihn ergab sich der Einsatz des Schriftbildes nicht primär „aus einer methodischen Absicht, sondern aus der natürlichen Umwelterfahrung aller Kinder, die nach unseren Untersuchungen im dritten Schuljahr mehr als 300 Morphemgruppen des Englischen kennen und annähernd richtig aussprechen, allerdings nur selten als Englisch empfinden" (PIEPHO 1994, S. 3). Von der ersten *Unit* an wurde im Schülerheft des Lehrwerkes für das erste Lernjahr (drittes Schuljahr) das Schriftbild konsequent eingesetzt, und zwar in Kontexten, in denen Lexeme des Englischen den Kindern ohnehin begegneten: *shops, supermarkets, airports, hobbies*.

Neben der sinnvollen Auswertung von Schrift in der Umwelt der Kinder wird das Schriftbild als Lernerleichterung gesehen, weil damit das Segmentieren des Lautstroms in einzelne Wörter und so das Begreifen der Bedeutung erleichtert werden kann. Stellen wir uns vor, ein türkisches Kind hört in seinem Sprachlernprozess des Deutschen eine Äußerung wie *Woisnderstifdgebliem?* Dies rauscht an seinen Ohren als ein Lautstrom der Alltagssprache vorbei, und das Kind wird es schwer haben, wenn es aus diesem Input ohne jede Schriftlichkeit die Sprachelemente von *Wo ist denn der Stift geblieben?* ausgliedern und in sein Sprachlernen aufnehmen soll. Hier erleichtert das Schriftbild das Verstehen wie auch das Behalten, da über Ohr und Auge zwei Sinneskanäle zugleich angesprochen

werden. Gerade für lernschwächere Schülerinnen und Schüler ist das Schriftbild deswegen häufig eine sinnvolle Lernhilfe.
In den Lehrplänen der Bundesländer variiert der Stellenwert der Fertigkeiten „Vom Lesen zum Schreiben" von der ausdrücklichen Betonung der „unterstützenden Funktion" im bayerischen Lehrplan bis zum nordrhein-westfälischen Lehrplan, in dem es unter „verbindliche Anforderungen" zum Ende der Klasse 4 heißt:

„Leseverstehen
- bekannte Wörter und einfache Sätze wieder erkennen und verstehen
- kurze, vertraute Texte verstehen, vorlesen und szenisch gestalten
- einfache und mit Bildern unterstützte Anweisungen verstehen und danach handeln

Schreiben
- eine einfache, kurze Postkarte schreiben und eine kurze Personenbeschreibung, z.B. als Steckbrief, vervollständigen" (MINISTERIUM FÜR SCHULE, JUGEND UND KINDER NRW 2003, S.37)

Liest man die Anforderungen genau, so fällt auf, dass es um „bekannte Wörter" und „vertraute Texte" geht, also nicht, wie beim muttersprachlichen Lesenlernen, um das Erlesen englischsprachiger Texte mithilfe von gelernten, schülereigenen Strategien zur Dekodierung des Schriftbildes. Folglich gilt generell, dass im Englischunterricht nur dann ein Schriftbild auftauchen sollte, wenn sein Klangbild zuvor lautrichtig gefestigt ist und seine Bedeutung von den Kindern verstanden wird. Zudem wird ausdrücklich gesagt, die Kinder sollten „einzelne Wörter, Wendungen sowie kurze, einfache Texte korrekt abschreiben" können (MINISTERIUM FÜR KULTUS, JUGEND UND SPORT BADEN-WÜRTTEMBERG 2004, S.78). Die Schülerinnen und Schülern brauchen also immer eine Vorlage, auf die sie beim Schreiben in Zweifelsfällen zurückgreifen können.

Sehr bald sollten die Kinder aber erfahren, dass Lesenkönnen für sie Zugang zu erzählenden oder beschreibenden Texten bedeutet. In KLIPPEL (2000) finden Sie viele inhaltliche und methodische Anregungen auf dem Weg dahin, bis zum Detail-Leseverstehen und logischen Denken, das in der anspruchsvollen Übung *The washing line* gezielt geschult wird (KLIPPEL 2000, S.114/115 und Kopiervorlage 276).

Gerade wegen der beschriebenen Diskrepanzen zwischen englischem Klang- und Schriftbild wird das Schreiben im Grundschulenglisch nachgeordnete Funktionen haben: Detailinformationen festhalten, ordnen, beschriften oder planen. Wenn die Kinder aber z. B. Karten zum Valentinstag basteln, die anonym an die Empfänger verschickt werden, dann bewirkt gerade die Anonymität, dass die Lernenden unbedingt ganze *Valentine*-Verse darauf schreiben wollen. Dieses Wollen ist im Hinblick auf das Schreiben entscheidend: Sicher werden Sie Ihren Schülerinnen und Schülern nicht verweigern wollen, sich ein bisschen im englischen Schriftbild zu üben, wohl aber werden Sie klarstellen, dass die Kinder sich um Korrektheit bemühen müssen. Appellieren Sie an den Ehrgeiz der Lernenden: Wenn schon, dann lohnt es sich nur, englische Wörter gleich richtig schreiben zu lernen.

Die Mitteilungsfunktion von Schrift in Ihrem Englischunterricht einzusetzen, können Sie zumindest im zweiten Lernjahr zur Routine machen (vgl. CAMERON 2001). Neugierig werden Ihre Schülerinnen und Schüler auf ein *message board* in Ihrem Klassenraum reagieren. Hier hinterlassen Sie Kurznachrichten, deren Text bekannt ist und mündlich beherrscht wird, wie *It's Kevin's birthday today. He's eight.* Ihre Kinder werden erpicht sein zu lesen, was Sie aufgeschrieben haben. Das kann auch eine sachliche Nachricht sein wie *No music lesson today.* Und welcher Fortschritt ist es, wenn eine Schülerin oder ein Schüler sich traut, selbst etwas auf dem *message board* mitzuteilen, z. B. *It's my birthday today.*

Schaut man in neuere Lehrwerke, so ist offensichtlich, dass von der ersten Lektion an gedruckter Text erscheint, immer mit dem Hinweis zu Beginn: *Listen to the story* oder *Listen and point* oder *Listen and draw.* Durchgängig wird darauf Wert gelegt: Erst wird gehört, dann gesprochen und erst dann gelesen oder geschrieben. Der Stift als Symbol für zu Schreibendes taucht allerdings in einem neueren Lehrwerk (BREDENBRÖCKER et al. 2005) ab der ersten *Unit* auf. In der fünften wird bereits eine *shopping list* geschrieben (siehe Abb. 3 auf S. 57).

In konsequenter Weiterführung der Neuorientierung zum Schriftbild bietet der Cornelsen Verlag für das erste und das zweite Lernjahr je ein *Writing Book* für die Schülerinnen und Schüler an, zur Differenzierung im Unterricht oder für die selbstständige Arbeit zu Hause. Darin finden sich ganz unterschiedliche Aufgaben: von Wort-Bild-Zuordnungen bis zu kurzen freien Schreibaufgaben, die aber alle mithilfe von Vorlagen bewältigt werden können. Die Abbildung auf S. 58 zeigt eine typische Aufgabe aus dem zweiten Lernjahr (HOLLBRÜGGE/KRAATZ 2005, S. 19).

Abb. 3: Beispielseite aus dem Lehrwerk für den Englischunterricht ab Klasse 3 *Sally* (2005) vom Oldenbourg Schulbuchverlag, München

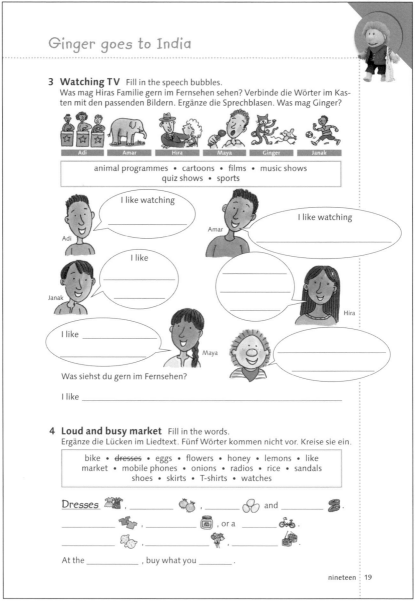

Abb. 4: Beispielaufgabe aus dem Lehrwerk *GINGER 2, Class 4, Writing Book* (2005), Cornelsen Verlag, Berlin

Alles zielt schließlich darauf, die Kinder zum kommunikativen Gebrauch des Englischen im Rahmen des Gelernten zu befähigen. Deswegen ist es sinnvoll, in entsprechend großer Schrift sogenannte „Sprachproduktionshilfen" in die Klasse zu hängen, mit Satzanfängen, die sich auf diese Weise auch visuell einprägen und so das Sprechen erleichtern. Sie brauchen dann bei Rollenspielen, wenn ein Kind stecken bleibt, nur noch auf einen geeigneten Satzanfang zu deuten, um weiterzuhelfen: *Can you tell me ..., please?/Let's go to .../What's your favourite ...?/I don't want to .../Have you got ...?*

In neueren Forschungen zeichnet sich eine weitere Argumentation zum Einsatz des Schriftbildes im frühen Englischunterricht ab. DIEHR und RYMARCZYK (2008, S. 6–8) berichten aus einem Forschungsprojekt, dass eine simultane Einführung des deutschen und englischen Schriftbildes nicht nachteilig sein muss. Vielmehr könne ein Ausklammern des englischen Schriftbildes zu negativen Folgen führen, die eine Hypothek für spätere Lernjahre darstellen. Die Autorinnen haben systematisch erhoben und belegt, dass Kinder, denen im Frühbeginn das englische Schriftbild verwehrt bleibt, sich selber ein *invented spelling* zurechtlegen, indem sie ihre Schreibweisen englischer Wörter an das deutsche Rechtschreibsystem anlehnen. So fanden sich folglich Dehnungs-h, Großschreibung oder auch Umlaute in ihren englischen Wortlisten, wenn sie gebeten wurden, ihnen bekannte englische Wörter aufzuschreiben. *Orengsch*, *bläck*, *Hähn* waren z. B. kreative Auswege aus dem Dilemma, *orange*, *black* oder *hen* schreiben zu wollen und es nicht gelernt zu haben. Das Resümee der Autorinnen lautet:

> „Die Befürchtung, dass der Schriftspracherwerb des Deutschen verzögert werden könne, erscheint zum gegenwärtigen Zeitpunkt unnötig. Viele der vorliegenden Fehler sind Übertragungen aus dem Deutschen ins Englische. Die Beeinflussung nimmt also den Weg vom Deutschen ins Englische und nicht umgekehrt. Daher sollte zumindest ein Input über *flashcards*, Poster oder Bilderbücher mit Textanteilen geboten werden, wenn die Kinder über die Nutzung ihrer Eigenkonstruktionen hinausgeführt werden sollen" (DIEHR/RYMARCZYK 2008, S. 8).

Ergebnisorientierung als Zielvorgabe

Die Ausprägung bzw. der Grad der fremdsprachlichen Kompetenz am Ende der Grundschulzeit ist abhängig von der Zeit und Intensität, die für das Lernen zur Verfügung stand – ob nur eine knappe Stunde pro Woche oder ob fest mit zwei Stunden in der Stundentafel verankert und ob sich das Fach Englisch über zwei, vier oder gar sechs Jahre erstreckte wie in Berlin und Brandenburg.

Deswegen kann hier nur prinzipiell gesagt werden, worüber die Schülerinnen und Schüler am Ende der Primarstufe gleichwertig verfügen sollten:
- eine positive Grundeinstellung zum weiteren Erlernen der englischen (und anderer) Sprache(n),
- ein gestärktes Selbstbewusstsein, dass Fremdsprachenlernen zu meistern ist,
- erste Einsichten zu Organisationsprinzipien von Sprachen,
- ein Bewusstsein für die eigene kulturelle Identität und Respekt für die Rituale und Werte von Kindern aus anderen Kulturkreisen,
- eine Aussprachekorrektheit auf möglichst hohem Niveau,
- eine fremdsprachliche, je nach Lernzeit unterschiedlich ausgeprägte fremdsprachliche Handlungskompetenz in einer Reihe alltäglicher Situationen, die dem Erfahrungshorizont von Kindern entsprechen.

Diese Situationen können natürlich in unterschiedlicher Weise dem Erfahrungshorizont von Kindern entsprechen. Sie als Lehrkraft denken da vielleicht in erster Linie an den Klassenraum. Häufig wird viel Zeit darauf verwandt, auch das letzte Stückchen Inventar der Schultasche englisch benennen zu lernen. Ob es wirklich von solch kommunikativer Relevanz für einen Neunjährigen ist, zu wissen, was *ruler* und *sharpener* sind? Ob eine Achtjährige wirklich zum Thema „Tiere" wissen muss, was *rooster* und *squirrel* sind? Wenn diese Achtjährige danach fragt, weil für sie zum Thema *My favourite animals* nun ausgerechnet das Eichhörnchen dazugehört, dann sollte sie es natürlich wissen. Sonst aber mag es diesem Mädchen wichtiger sein, dass sie berichten kann *I've got a new baby brother. He's five days old.*

Der Akzent liegt hier also deutlich auf den Sprachstrukturen und der entsprechenden Grammatik, die erforderlich sind, um Sprachfunktionen wahrnehmen zu können. Wortschatz lässt sich zu jedem späteren Zeitpunkt, sogar autodidaktisch, beliebig erweitern.

Kapitel 1 endete mit dem Hinweis auf die notwendigen überzeugenden Lernerträge am Ende der Grundschulzeit, ohne die der Frühbeginn keine Zukunft hat und bildungspolitisch wie ökonomisch nicht zu vertreten ist. Um solche Lernerträge zu untermauern, ist mit MINDT/SCHLÜTER 2007 eine Publikation erschienen, die das Fundament durch eine klare Zielsetzung der Ergebnisorientierung und den Rahmen durch die Erfassung aller sprachlichen Teilbereiche wie Aussprache und Intonation, Wortschatz, Grammatik und Sprachfunktionen erstellt.

Lernplankommissionen ebenso wie Lehrwerkautoren und Lehrkräfte können sich an diesem Band orientieren. Er liefert eine aktuelle Bestandsaufnahme für ergebnisorientiertes Lernen, das den Schülerinnen und Schülern im Englischunterricht der Grundschule eine sichere Basis für weiterführendes Englischlernen vermittelt. Die Zukunft muss zeigen, wie weit diese Vorhaben allgemein realisiert werden können.

Zum Teilbereich der Grammatik hat MINDT (2008, S. 8) anschaulich dargelegt, dass Grundschulkinder im Englischunterricht bereits Regelhaftigkeiten erkennen und lernen sollten, weil dieses Vorgehen Lernwege verkürzt und „in besonderem Maße lernschwächeren Kindern zugute" kommt. Ein Beispiel für spielerisches Lernen im Bereich Grammatik finden Sie auf der folgenden Seite.

Abb. 5: Spielerisch Grammatik lernen mit *flashcards*. Aus: Grundschulmagazin Englisch 2/2008, S. 12, © Oldenbourg Schulbuchverlag, München

4 Methodische Prinzipien und Verfahren

Es ist ein großer Gewinn für den Englischunterricht in der Grundschule, dass inzwischen nicht nur ergebnisorientiert gearbeitet wird, sondern auch methodische Leitprinzipien und Verfahren entwickelt wurden. Dies geschah durch viele Grundschullehrkräfte, die in der Praxis Methoden ausprobiert und für gut befunden haben; aber auch Kolleginnen und Kollegen aus der Sekundarstufe I trugen wertvolle Anregungen für die Primarstufe bei. Nachfolgend werden die wichtigen und empfehlenswerten der *Tried-and-tested*-Verfahren vorgestellt.

Sprache, Sprache und noch mal Sprache

Es ist unabdingbar, dass die Lehrerin, der Lehrer selbst über ausreichende Kenntnisse in der Fremdsprache verfügt, vor allem im mündlichen Bereich. Damit der Unterricht wirklich spielerisch abläuft, muss die Lehrkraft sprachlich improvisieren, umschreiben, fantasievoll reagieren können und, losgelöst vom unterstützenden Schriftbild, die Bedeutung der Wörter variantenreich vermitteln. Auf Vorschläge der Kinder muss sie auf Englisch sofort und passend zum Kontext reagieren.

Dass dies alles in einer im wahrsten Sinne des Wortes „vorbildlichen" Aussprache geschehen muss, versteht sich von selbst, wenn man weiß, wie leicht und unbekümmert Kinder dieses Alters die über das Ohr aufgenommenen Laute reproduzieren, leider aber auch mögliche Aussprachefehler ebenso exakt imitieren.

Die Lehrerin sollte Freude daran haben, immer neue Variationen sprachlicher Mittel anzubieten und auf unvorhergesehene Ereignisse auch spontan sprachlich zu reagieren. Kommt z.B. ein Kind irgendwann mit einem Gipsbein in die Englischstunde, liegt die Frage nahe: *Oh dear, what happened? Does it hurt?*, auch dann, wenn die Schülerin oder der Schüler auf Deutsch antwortet.

Besonders im *warming up* zu Beginn jeder Englischphase wird den Kindern das „Umsteigen" durch eine schnelle Folge von sprachlich schon gemeisterten Frage-Antwort-Übungen erleichtert wie *Who is missing today? Can you count the girls for me? And how many boys have we got? Who has got a brother? A sister? A baby sister? How old is she?* Wichtig ist, dass die Fragen im Sinne eines lernerorientierten Unterrichts für die Kinder auch relevant sind.

Um selbst entsprechend kompetent in der Sprache zu sein, sollte man alle Angebote der Sprachpraxis so gründlich wie möglich wahrnehmen. An der Volkshochschule oder der Universität werden Kurse in *pronunciation* und *conversation* von Unterrichtenden angeboten, die Englisch als *native speakers* sprechen. Da die schriftliche Unterstützung des Lehrens und Lernens in der Grundschule zunächst sehr sparsam angeboten wird, brauchen die Lehrenden gerade im Frühbeginn eine erhöhte mündliche Kompetenz. Ein noch so gutes „Abitur-Englisch" reicht deswegen nicht aus. Es ist lexikalisch zu „akademisch" besetzt, d.h. für den Umgang mit Grundschulkindern – wen wundert's – nicht altersangemessen und idiomatisch genug.

Deshalb empfiehlt sich, Auslandsaufenthalte – und sei es in Form von Urlaub im englischsprachigen (und sonnigen!) Malta oder Gibraltar – wahrzunehmen und zu wiederholen. Im Kapitel 6 finden Sie Informationen darüber, wie Sie sich über das COMENIUS-Programm für ein Stipendium bewerben können, das einen solchen Aufenthalt zu finanzieren hilft. Bei Ihren Auslandsaufenthalten ist es zweitrangig, welche sprachliche Form des Englischen „geboten" wird. Es kann amerikanisches, sogar texanisches Englisch sein oder auch neuseeländisches. Lediglich ein möglicherweise nach einem längeren Aufenthalt in Nordengland erworbener u-Laut, z.B. in *The bus is coming* [ðə 'bʊs ɪz 'kʊmɪŋ], sollte an den Aussprachestandard angepasst werden, um den Kindern beim Übergang in die weiterführenden Schulen Stirnrunzeln bei den Lehrkräften zu ersparen.

Wenn möglich besuchen Sie im Ausland eine Grundschule oder leisten Sie dort ein Praktikum ab. So erleben Sie die altersspezifische Kultur in diesem Land und können deren Kinderreime, -lieder und -spiele lernen, zum anderen gibt das methodische Repertoire z.B. in britischen und amerikanischen Grundschulen sehr kreative und variantenreiche Anregungen. Man staunt – und muss es gesehen haben –, wie viel Eigenverantwortung und Selbstorganisation in Freiarbeitsphasen dort Grundschulkindern zugetraut werden. Zudem tauchen in einer englischsprachigen Grundschule lexikalisch Ausdrucksmittel auf, die Sie kaum in der Oberstufe oder im traditionellen Universitätsstudium erwerben können, wie z.B. *Let's blindfold you* als Voraussetzung für Ratespiele oder *Put your cards face down on the table* für ein *Memory*-Spiel.

Einen bisher in allen anderen Bundesländern unüblichen Weg, um die Sprachkompetenz der Unterrichtenden zu sichern, geht das Land Rheinland-Pfalz, das seit 2002 von allen Studierenden der Grundschulpädagogik verlangt, in gewissem Umfang eine der dort unterrichteten Fremdsprachen, Englisch oder Französisch, „mitzustudieren".

Aufgeklärte Einsprachigkeit

Diesem Unterkapitel gehen nicht umsonst die Betonung und Begründung einer möglichst sicheren Sprachbeherrschung im Englischen voraus. In Kapitel 2 wurde unter „Lernvoraussetzungen" auch der Zeitfaktor diskutiert, d.h. das geringe Zeitbudget errechnet, in dem die Kinder Englisch hören und sprechen.

Die Lehrpläne der meisten Bundesländer berücksichtigen diese Situation, indem sie explizit für den Unterricht Einsprachigkeit fordern, so Baden-Württemberg („Zielsprache als Kommunikationsmittel"), Bayern („Prinzip der Einsprachigkeit – Unterrichtssprache ist die Fremdsprache"), Brandenburg („Prinzip der Einsprachigkeit – In allen Jahrgangsstufen ist die Fremdsprache die Unterrichtssprache"), Bremen (Fachdidaktische Grundsätze: Prinzip der Einsprachigkeit), Hamburg („Grundsätzlich gilt das Prinzip der Einsprachigkeit"), Hessen (Prinzip der Einsprachigkeit), ebenso Mecklenburg-Vorpommern, Niedersachsen („Der Unterricht erfolgt in der Zielsprache – Prinzip der funktionalen Einsprachigkeit"), Sachsen („Didaktischer Grundsatz: funktionale Einsprachigkeit"), Sachsen-Anhalt („Die englische Sprache ist von Beginn an das Hauptverständigungsmittel im Unterricht"), Schleswig-Holstein („Entscheidendes Merkmal des Fremdsprachenlernens ist die authentische Verwendung der Zielsprache").

Diese – wenngleich sachgerechte – Forderung stellt hohe Ansprüche an die Lehrkräfte. Allerdings stößt der einsprachige Unterricht, gerade wenn er ernst genommen wird, an Grenzen, die den Einsatz der Muttersprache sinnvoll machen. Mit Rücksicht auf die Kinder muss für die folgenden Situationen ein Freiraum existieren:
- wenn etwas Unverstandenes das einzelne Kind belastet,
- wenn ein Kind sich dringend mitteilen will, es in Englisch aber noch nicht sagen kann,
- wenn englischsprachige Arbeitsanweisungen nicht verstanden werden,

- wenn es zu Missverständnissen in der Unterrichtsorganisation kommt,
- wenn komplexe Erklärungen schlicht zu viel der kostbaren Unterrichtszeit in Anspruch nehmen,
- wenn über kulturelle Andersartigkeit, über „das Fremde" reflektiert werden soll.

Dann, darin sind sich die Lehrpläne weitgehend einig, darf und kann die Muttersprache eingesetzt werden.

In allen diesen Fällen handelt es sich im weitesten Sinne um Unterrichtsorganisation, wobei mit Blick auf die Muttersprache gelten sollte: *As little as possible, no more than necessary*. Damit ist aber noch nicht die Kernsituation des fremdsprachlichen Unterrichts in den Blick genommen: die Bedeutungsvermittlung.

„Spracherwerb beginnt", so WOLFGANG BUTZKAMM, „wenn man so zu uns spricht, dass wir es verstehen können". Das klingt zunächst nach einer Binsenwahrheit, die aber von BUTZKAMM erweitert wird zur Theorie des „Doppelverstehen(s)", das Sprachlerner leisten müssen. Wieso doppelt? Zunächst müssen Kinder verstehen, worüber die Englischlehrerin redet oder was sie von ihnen will. So formulierte STEPHEN KRASHEN 1982 seine Theorie vom *comprehensible input*, vom verständlichen Input, der den Spracherwerb zuallererst in Gang setzt. Das ist eine Grundvoraussetzung. Gesprochenes muss verstanden werden. Oft lernen Kinder im Englischunterricht der Primarstufe sogenannte *chunks of language*, die sie als Ganzheit aufnehmen, weil sie ihre Funktion verstehen. *„See you tomorrow"*, werden Sie als Lehrerin sagen und die Kinder verstehen es aus der Situation am Ende des Schultages. Da meint sie wohl so etwas wie: „Also tschüss, bis morgen".

Mit diesem korrekt gelernten „Sprachbrocken", wie man *chunk* übersetzen könnte, ist es aber nicht getan. Auch Touristen benutzen fertige Phrasen aus ihrem Reiseführer für sich wiederholende Gelegenheiten. Beim Sprachenlernen müssen diese Routineformeln aber aufgebrochen werden, damit Wörter oder Wortgruppen wie sprachliche Versatzstücke immer wieder neu kombiniert werden können: das „generative Prinzip" der Sprache muss wirksam werden können (BUTZKAMM 2007b, S. 163 ff.). Nicht nur, was gemeint ist, muss entschlüsselt werden, sondern auch, wie's gesagt ist.

Kaum ein Kind vermag aus sich heraus auf der formalen, satzstrukturellen Ebene die Bestandteile des *chunk of language* auszugliedern, um auf diese Weise zu Äußerungen zu kommen wie *See you on Sunday/See you later* oder *See you at the playground*. Nur wenn eine Äußerung wie

See you tomorrow zur Keimzelle vieler neuer, auch noch nie gehörter Sätze werden kann, nur dann erwirbt man sprachliche Kompetenz.

Hier setzt BUTZKAMM ein, indem er als Lehrer nach dem englischen *chunk* die deutsche Bedeutung, oft sogar Wort für Wort, einfügt, mit leiserer, wenig betonter Stimme: „Seh' euch morgen", um sofort englisch zu wiederholen: *„See you tomorrow"*. Sandwich-Technik nennt BUTZKAMM dies sehr anschaulich. Wie Salat, Schinken und Käse zwischen zwei Brothälften packt er „Seh' euch morgen" zwischen zwei identische englische Kurzsätze der gleichen Bedeutung. Wichtig ist hierbei: Die Englisch-Lehrkraft spricht den deutschen Satz in anderer Tonlage, gewissermaßen in Parenthese, die Kinder sprechen kein Deutsch. Die Muttersprache wird funktional eingesetzt, sie „spiegelt" die englische Struktur, wodurch ein Stück Grammatik bzw. Sprachanalyse mitgelernt wird. Die Muttersprache der Kinder dient so als Ressource dem besseren und schnelleren Verstehen und Lernen der Fremdsprache. Englischlehrkräfte können sie also einsetzen, solange sie dabei das Englische als Unterrichtssprache durchsetzen und sie in der Englischstunde weitgehend mit der englischen Sprache identifiziert werden.

Eine Besonderheit der muttersprachlichen Verwendung muss noch erwähnt werden. Der Lehrplan des Stadtstaates Hamburg beschreibt die Situation so: „Wechseln die Schülerinnen und Schüler innerhalb ihrer Äußerungen vom Englischen ins Deutsche, um Ausdrucksdefizite zu überbrücken, so ist dies als ein natürliches Phänomen im Verlauf des Fremdsprachenerwerbs zu sehen. Der englische Fachausdruck dafür heißt *code switching*. Zweisprachige Äußerungen werden daher je nach Lerngruppe und Lernsituation toleriert oder von der Lehrkraft in die Fremdsprache übertragen" (Rahmenplan Englisch Grundschule 2003, S. 5). *Code switching* illustriert beides, was hier vorher zum Gebrauch der Muttersprache gesagt wurde: Die Kinder haben noch Ausdrucksdefizite im Englischen, können es aber sehr wohl in ihrer Muttersprache ausdrücken – und die Lehrkraft überträgt das Gesagte ins Englische. Vernünftiger geht's nicht.

Die Handpuppe: ein unersetzlicher Dialogpartner

Eine wichtige Rolle kommt im Bereich „Sprache und Bedeutungsvermittlung" der Handpuppe zu, die aus gutem Grund jedem Lehrwerk beigegeben wird. Viele Lehrkräfte, die ohne Lehrwerk arbeiten, nutzen eine Handpuppe aus dem Spielzeugbereich. Aber warum? Handpuppen wirken oft Wunder, besonders bei schüchternen Kindern, die von zu Hause aus nicht viel Erfahrung in der Begegnung mit einer Fremdsprache hatten. Handpuppen behalten die ihnen zugeschriebene Rolle uneingeschränkt bei: Sie kommen aus einem anderen Land und sprechen nur Englisch. Sie sprechen Kinder im Grundschulalter emotional an: Man kann sie knuddeln, an sich drücken, zu ihnen sprechen.

Denken Sie an die allerersten Stunden des Englischunterrichts. Wie würden Sie die folgenden Fragen einführen: *How are you this morning? What's your name? How old are you? What time is it? Is this your schoolbag? What's in your schoolbag?* In einem kommunikativ und interaktiv ausgerichteten Unterricht können Sie sich diese Fragen nicht selbst stellen UND sie beantworten. Das wäre ja höchst unnatürlich. Da springt nun die Handpuppe ein. Sie vermittelt zwischen Ihnen und den Kindern, beantwortet Ihre Fragen oder stellt Ihnen solche, z.B. nach der Zeit. *What time is it? I'm tired. I want to go to bed.* (In einem Wandregal haben die Kinder in einer Schuhschachtel einen schönen Schlafplatz für die Handpuppe eingerichtet.)

Nun wurde nicht jede Lehrkraft als Handpuppenspieler oder -spielerin geboren. Das Video *Teaching English with the glove puppet* (DERKOW DISSELBECK 2004) schließt hier eine Lücke und gibt Anschauungsunterricht. Darin erklärt der Puppenspieler Peter Scollin mit der Handpuppe *Ginger* jedes Detail, das man beim Einsatz eines solchen „Assistenten" beachten sollte – das Nachsprechen, Üben, Antworten in Dialogen, Singen und vor allen Dingen die Bewegungen, mit denen Sie die Handpuppe leben lassen. Sie werden beim Anschauen des Videos selbst merken, wie fasziniert Sie der vermeintlichen Sprache der Handpuppe folgen – und wie wenig Sie auf den eigentlichen Puppenspieler achten. Auch wenn Sie nicht so gekonnt wie Peter Scollin Ihre Stimme verstellen können, wenn die Puppe spricht, sollten Sie zumindest ein bisschen die Stimmlage höher oder tiefer verändern. Das Video jedenfalls ist eine zauberhafte und amüsante Fortbildung und die Anschaffung lohnt sich für das Team von Englisch-Unterrichtenden an Ihrer Schule.

Die Handpuppe: ein unersetzlicher Dialogpartner

Abb. 6: Peter Scollin mit der Handpuppe *Ginger*

Zu den unterschiedlichen Rollen, in denen Sie die Handpuppe einsetzen können, sagt LEGUTKE: „Die Handpuppe übernimmt eine Mittlerfunktion zwischen der Lehrkraft und den Kindern. Einerseits wird sie ein Mitglied der Lerngemeinschaft: Die Kinder werden allmählich ihre Lebensgeschichte entdecken und ihren Charakter kennenlernen, so wie die Puppe gleichzeitig die Kinder kennenlernt. In dieser Phase wird die Puppe zum Partner, der die Kinder so weit versteht, dass er für sie sprechen kann. Die

Puppe informiert die Lehrkraft, was in der Lerngruppe passiert (ein Kind fehlt heute, ein Kind hat Geburtstag, die Kinder sind heute sehr müde, weil sie letzte Nacht ein Fußballspiel geguckt haben). Andererseits aber wirkt die Puppe auch als Lehrkraft, denn sie gibt Sprachmuster vor und flüstert Wörter ins Ohr. In dieser Doppelrolle kann sie folglich helfen, die Kommunikationsfähigkeit der Kinder zu fördern und Hemmungen abzubauen sowie den Unterrichtsprozess zu steuern" (LEGUTKE 2006, S. 8).

Wählen Sie eine Puppe, die groß genug ist, um auch in der letzten Reihe gut gesehen zu werden. Sie sollte kein flaches Krokodil sein, das schwierig zu handhaben ist und im Sprechen nicht besonders überzeugt. Ein großer beweglicher Mund ist wichtig, da Sprachvermittlung ihre Hauptaufgabe ist. Auch Kinder müssen die Handpuppe bewegen können, um im Stuhlkreis die Fragen der neugierigen Puppe zu stellen. *And what is YOUR name? And how old are YOU?* – LEGUTKE gibt auch noch zu bedenken, dass die Handpuppe zum richtigen Zeitpunkt verabschiedet werden sollte. Vielleicht zum Ende eines Schuljahres, weil sie dann in eine weitere Anfangsklasse geht? Für den geeigneten Zeitpunkt und die Form der Verabschiedung werden Sie als Lehrkraft ein sicheres Gefühl entwickeln.

Semantisierung durch Mimik, Gestik, Körpersprache

Niemand, der eher in sich gekehrt sowie mit großer Skepsis und Scheu seinen Mitmenschen begegnet, wird vermutlich den Lehrberuf ergreifen und im permanenten Dialog mit Kindern Inhalte vermitteln und Verständnis erreichen wollen. Hingegen werden wohl alle Lehrerinnen oder Lehrer in ihrer Persönlichkeitsstruktur ein gewisses Maß an Extrovertiertheit mitbringen. Wer aus sich herausgehen, glaubhaft etwas oder jemanden darstellen kann, wer neben seiner Stimme Mimik, Gestik und Körpersprache einzusetzen weiß, erfüllt eine nicht zu unterschätzende Voraussetzung für erfolgreichen Englischunterricht, vor allem im Frühbeginn.

Wieso das? Erinnern Sie sich daran, wie Ihnen in der Kindheit „Rotkäppchen und der Wolf" erzählt wurde? Selbst wenn das mit Unterstützung eines Bilderbuches geschah, so leistete der Erzählende allerhand: nacheinander und abwechselnd mit der Stimme die Mutter, das Rotkäppchen, die Großmutter, den Wolf und den Jäger darstellen, mimisch Vorsicht, Ängstlichkeit, Drohung und Freude ausdrücken, die großen Ohren zeigen, die Poltersteine herbeischleppen. Besonders für Letzteres war auch der Einsatz von Körpersprache angesagt, denn die Steine waren unförmig und schwer.

Wie viel mehr wird nun an Mimik, Gestik und Körpersprache von Ihnen gefordert sein, wenn Sie fremdsprachliche Inhalte zunächst einmal verdeutlichen, also semantisieren wollen, und sodann vermitteln. Selbst bei der Einführung des simplen Abzählreims *one, two, three – a bumble-bee* sind Sie nacheinander mit der Stimme und mit Ihrer Gestik die Hummel *(a bumble-bee)* und ziehen summend kleine Kreise mit dem Finger in der Luft. Dann sind Sie der Mann, dem die Hummel ins Knie sticht *(stings a man upon the knee – ouch!!)*, und schließlich das Schwein *(stings a pig upon the snout – oink-oink)*, dem die Hummel in die Nase piekt *– (one, two, three and you are out)*. Dies alles passiert ohne erläuternde Unterstützung durch Bilder. Es ist gewiss einsichtig, dass eine introvertierte Lehrkraft damit Schwierigkeiten hätte. *Don't be afraid to be the clown*, so wurde deshalb FRÖHLICH-WARD, eine erfahrene Methodikerin und Autorin im Bereich Frühbeginn, in SCHMID-SCHÖNBEIN (1998, S. 119) zitiert. FRÖHLICH-WARD ermuntert dazu, sich auch in solchen Rollen schauspielernd einzubringen, die im „normalen" Erwachsenenleben als albern oder übertrieben gelten würden.

Wenn Ihnen die Schauspielerei ungewohnt ist, hilft es, bei Kolleginnen oder Kollegen zu hospitieren oder zum Hospitieren in die eigene Gruppe einzuladen und anschließend die Form der Vermittlung zu besprechen. Das beste Feedback über die Wirksamkeit der eigenen Schauspielerei im Dienst der Verständnissicherung ist allerdings der Blick in die Gesichter der Kinder: Eine gespannte Konzentration zeigt Ihnen, wie erfolgreich Sie sind. Der folgende Ausschnitt aus einem Interview mit einer Drittklässlerin im Englischunterricht zeigt, wie das konzentrierte Hinsehen auf das, was Sie als Lehrkraft an Mimik und Gestik einsetzen, von Schülerinnen und Schülern als gezielte Strategie eingesetzt wird:

Interviewer: *Tell me what you liked most today.*
Schülerin: *If we don't understand a word, then we look, um, we hear with our eyes instead of our ears.*
Interviewer: *How do you hear with your eyes?*
Schülerin: *You look to see what other people [are] doing and we do the same thing.*

(DE LEEUV 1997, S. 188)

Die Strategie „mit den Augen hören", wie es diese Grundschülerin so treffend formuliert, ist eine typische Kompensationsstrategie, mit der man intelligent rät und dabei neben sprachlichen auch andere sinngebende Hinweise beachtet.

Mimik, Gestik und Körpersprache spielen – zusammen mit dem Prinzip der Handlungsorientierung – eine tragende Rolle in der „Verstehensmethode", die auf Asher (1977, 5. Auflage 1996) und seinen *Total Physical Response*-Ansatz (TPR) zurückgeht. Diese Methode schult in erster Linie das Hörverstehen und wurde in diesem Zusammenhang schon in Kapitel 3 erwähnt. Sie kommt dem Bedürfnis mancher Kinder entgegen, in einer anfänglichen *silent period* die bis dahin fremde Sprache nicht sofort selbst sprechen zu müssen, sondern sie zunächst nur aufzunehmen und zu verarbeiten. In dieser Phase wird Bedeutung vermittelt durch eine – wörtlich übersetzt – gesamtphysische Reaktion *(Total Physical Response)* der Lernenden auf die Aufforderungen der Lehrkraft. Aufforderungen wie *Put your hands in back of your head* führen die Kinder nach dem Bewegungsvorbild der Lehrkraft zunächst stumm aus, ahmen die Variationen nach wie *Put only your right hand in back of your head* oder *Put your left hand in back of your neighbour's head* und lernen dabei allmählich die Struktur und Lexik verstehen und speichern. Gelegentlich wird berichtet, dass die Kinder bereits nach einigen Stunden häufig die Befehle still nachsprechen.

Wenn sie dazu bereit sind, so Asher, übernehmen einzelne Schülerinnen oder Schüler in späteren Phasen die Rolle desjenigen, der Aufforderungen an die Klasse richtet, natürlich immer unter Einsatz von entsprechenden Gesten. Das geschieht z.B. im Kontext des beliebten Spiels *Simon says* (vgl. Klippel 2000, S. 134), in welchem eine Schülerin oder ein Schüler die Aufforderungen an die Gruppe oder Einzelne richtet, wie z.B. in *Simon says: Touch your nose* oder *Simon says: Touch the floor*. Auch Butzkamm (1993) erläutert eine Reihe von Spielen, bei denen die Lernenden zuerst nur über verstehendes Nachahmen reagieren. *Play the piano on your desk-top* oder *Pat your partner on the shoulder* – der Fantasie sind keine Grenzen gesetzt.

Zweifellos kann mit *Total Physical Response*, wie schon der Begriff „Verstehensmethode" sagt, allein keine kommunikative Kompetenz aufgebaut werden. Dazu ist der Input in der Beschränkung auf Aufforderungen, selbst wenn diese zu Ketten erweitert werden wie in *Close your eyes, put your head on your arms and snore*, viel zu einseitig. Der Ansatz bietet sich jedoch an, um in den Anfangsphasen mit noch geringem Sprachinventar die Fremdsprache handlungsorientiert umzusetzen. Kindern mit anfänglicher Sprechhemmung kann auf diese Weise Zeit zum Einhören in die Fremdsprache und zum Aufbau von Selbstvertrauen gegeben werden. Schon mutigen Kindern bietet die Methode Sprechanlässe mit kurzen, gleich bleibenden Strukturen, wenn sie die *Simon-says*-Rolle übernehmen. Mehr als fünf Minuten pro einzelner Unterrichtseinheit wird man jedoch kaum damit verbringen.

Frühe Ausspracheschulung und Echomethode

Es gehöre zu den „Mythen" des Fremdsprachenunterrichts, schreibt PISKE (2007, S. 45), dass die Aussprache beim Fremdsprachenlernen „nicht so wichtig" sei und folglich Übungen zur Förderung der grammatischen Kompetenz, des Vokabulars oder auch kommunikativer Fähigkeiten sehr viel häufiger angeboten würden. Gerade zu Letzteren aber, den kommunikativen Fähigkeiten, gehört es, sich mit einer korrekten Aussprache eher verständlich zu machen als mit den „klassischen" Aussprachefehlern, die deutschen Lernern oft zu eigen sind.

Von allen Komponenten der Sprachkompetenz, die Sie selbst in der Aus-, Fort- oder Weiterbildung schulen müssen, ist daher die Qualität Ihrer Aussprache vorrangig. Kinder dieses Alters hören noch sehr genau, sind in der Feinmotorik ihrer Artikulation noch sehr flexibel und scheuen sich meistens als *uninhibited learners* nicht, fremdsprachliche Klänge zu reproduzieren ohne Angst vor möglichen Fehlern. Als Lehrende müssen Sie z. B. die im Englischen vorhandene *voiced/voiceless distinction* selber fehlerlos beherrschen, damit sie den Kindern Aussprachefehler ersparen. Diese stimmhafte und stimmlose Unterscheidung von Konsonanten – *the voiced/unvoiced distinction* – spielt in der Aussprache und im Verständnis des Englischen eine große und häufig die Bedeutung unterscheidende Rolle. Ob der englisch Sprechende etwas von Ihrem Rücken hört – *back* – mit stimmlosen Endlaut oder etwas über Ihre Tasche – *bag* – mit stimmhaftem Auslaut, ist schließlich ein Unterschied. Nur kennen wir im Deutschen den stimmhaften Auslaut wie in *bag* gar nicht und reden in solchen Fällen, wenn wir nicht aufpassen oder gut geschult sind, für den hörenden *native speaker* eher von Rücken als von Tasche.

Dabei ist es ziemlich einfach, Ihren Kindern den Unterschied in der Lautqualität von stimmhaft *(voiced)* und stimmlos *(unvoiced)* klarzumachen, ohne Fachvokabular zu gebrauchen: Bei stimmhaften Lauten demonstrieren Sie, dass man sie erkennen kann, wenn man die Fingerspitzen in die Ohren steckt und z. B. das *th* in *mother* schön lange brummt. Da fühlt man, wie die Stimmbänder vibrieren. Das fühlt man auch, wenn man die Hand vorn an den Hals legt. Beim stimmlosen *th* wie in *Thursday* fühlt man keine Vibration, kein „Brummen".

In der Lautschrift wird der Unterschied zwischen dem stimmhaften und dem stimmlosen *th* durch zwei unterschiedliche Symbole sofort sichtbar. Dies sollte man nutzen und für die zwei häufig vorkommenden Laute, schon zu Beginn des Englischunterrichts etwa in *thank you* (stimmloses *-th*) und *brother* (stimmhaftes *-th*), recht früh eine Visualisierung einsetzen. Vergrößern Sie die Lautsymbole mit dem Kopierer, schreiben Sie jeweils einige Beispielwörter dazu, laminieren Sie die Seiten und hängen Sie sie an der Klassenwand auf. Dann brauchen Sie bloß auf die entsprechenden Symbole zu zeigen oder eins der Kinder darauf zeigen zu lassen, wenn Ausspracheschwierigkeiten beim *th* auftauchen. Ganz bewusst kann die Klasse dann das *th* in den Beispielwörtern entweder betont „brummen" oder es stimmlos „zischen" lassen.

Abb. 7: Die Lautsymbole für stimmhaftes *-th* (links) und stimmloses (rechts)

Es lohnt sich in jedem Fall, die Messlatte für eine gute Aussprache des Englischen in Ihrer Klasse recht hoch zu hängen. Nur mit Mühe und intensivem Training werden die Kinder zu einem späteren Zeitpunkt eine möglichst gute Aussprache allein aufgrund des Imitationswillens und ihres genauen Hörens erreichen. Andererseits bringen einige Kinder zu Beginn des Unterrichts eine gewisse Scheu mit, die für sie noch so fremde Sprache zu sprechen (wie in Kapitel 2 beschrieben).

Für beide Probleme existiert ein methodischer Kunstgriff, der unter dem Begriff „Echomethode" bekannt geworden ist. Für die Kinder ist dies wiederum ein Spiel. Sie als Lehrkraft entführen die Klasse in einen gedachten Bergwald, in dem alle Schülerinnen und Schüler dicht gedrängt (in einer Ecke des Klassenraums) zusammenstehen. Sie stehen in der gegenüberliegenden Ecke und rufen der Gruppe etwas zu, wobei Sie die Hände zur Lautverstärkung um den Mund legen, d. h., Sie zeigen, dass eine große Distanz überbrückt werden muss. Die Gruppe gibt nun das von Ihnen Gerufene als Echo zurück. Zunächst probieren Sie es nur mit einzelnen Wörtern aus. Schon dabei wird deutlich, dass die Gruppe, konzentriert auf die Aufgabe, das Wort lauter und deutlicher zurückgibt, als Sie es sonst von einzelnen Kindern hören. Das Ungewohnte der Gruppenanordnung und die Erlaubnis, ein lautes Echo sein zu dürfen, lösen Energien und motivieren für die Aufgabe.

Im nächsten Schritt können Sie ganze Strukturen, Sätze, Reime, Liedtexte auf diese Weise, d. h. in Sinneinheiten, die die Kinder behalten können, aufbauen und üben. Vermutlich wird auch das schüchternste Kind der Gruppe mächtig mitbrüllen. Dabei hat es sich als zweckmäßig erwiesen, eine längere Struktur vom Ende her aufzubauen, weil die jeweils schon geübten Teile mit zunehmender Sicherheit immer besser wiederholt werden. Im Einzelnen könnte das so ablaufen:

L: *So you'll be my echo. I'll shout something* (Hände an den Mund legen) *and you'll be my echo. First you listen* (Hände an die Ohren legen) *and then you'll be my echo. O.K.? – Let's start.*
L: *All day long*
S: *… all day long*
L: *round and round*
S: *round and round*
L: *round and round all day long*
S: *round and round all day long*
L: *the wheels*
S: *the wheels*
L: *the wheels of the bus*
S: *the wheels of the bus*
L: *the wheels of the bus go round and round*
S: *the wheels of the bus go round and round*
L: *all day long*
S: *all day long*
L: *The wheels of the bus go round and round all day long.*
S: *The wheels of the bus go round and round all day long.*

Wenn Sie nun noch variieren, indem Sie mal flüstern, mal lauter sprechen und mal brüllend rufen, wird die Konzentration der Lerngruppe noch größer. Auf diese Weise lassen sich auch Intonation und Rhythmus und größere Sinneinheiten weitaus besser üben als durch Chorsprechen im normalen Klassenraum. Letzteres können Sie schnell, aber nur kurz zur

Festigung oder Wiederholung bei auftretenden Ausspracheunsicherheiten eines einzelnen Ausdrucks einsetzen.

Lieder, Reime, *chants* und Spiele

Nicht zufällig wurde im letzten Abschnitt zur Illustration für die „Echomethode" der Text des Liedes *And the wheels of the bus go round and round* ... gewählt. Die Melodie ist so eingängig wie bekannt, der Text ist in spielerische Bewegung umzusetzen und dadurch in der Bedeutung leicht zu vermitteln, einzelne Strophen enthalten klanglich reizvolle, lautmalerische Vokabeln *(And the wipers of the bus go swish, swish, swish).* Alles trägt dazu bei, dass Ihre Kinder, die noch wenige längere zusammenhängende Äußerungen im Englischen selbstständig produzieren können, auf einmal, unterstützt durch Rhythmus und Melodie, hoch motiviert mehrere Strophen hintereinander singen und spielen. Die Kinder nehmen die einfachen Kinderlieder schnell auf, wenn eine Melodie vorgespielt und vorgesungen wird, während sie z. B. mit dem Ausmalen von Arbeitsblättern beschäftigt sind oder direkt zum Zuhören aufgefordert werden. *Put your head on your arms and listen.* Wenn Sie die Melodie mitsummen und die Kinder leise einstimmen, lernen sie zunächst die Melodie, dann den vor- und mitgesungenen Text spielerisch leicht und strahlen über ihr neues Können: *If you're happy and you know it, clap your hands* ...

Lieder haben deswegen schon immer einen hohen Stellenwert im Frühbeginn gehabt. „Wer nicht singen will (oder kann), sollte nicht Grundschullehrer werden", heißt es oft. Jedes Englisch-Lehrwerk in der Primarstufe, das Sie in die Hand nehmen, hat auf der begleitenden CD oder DVD einen reichen Schatz an Liedern, die im Schwierigkeitsgrad angemessen sind, sprachlich relevante Strukturen vermitteln und gleichzeitig etwas von der Kultur des fremdsprachlichen Landes widerspiegeln. Sollten Sie ohne Lehrwerk arbeiten, so empfehlen sich lehrwerkunabhängige Liedersammlungen, wie sie z. B. auf den CDs *Carnival of Song* (HUGHES 1999) zu finden sind. Diese traditionellen und modernen englischen Kinderlieder können Sie in jeder Klasse einsetzen, unterstützt von Liedtexten und Illustrationen. Zusätzlich gibt es praktische Hilfen zur Liedpräsentation und Kopiervorlagen.

Bei Reimen, die dem traditionellen Repertoire entstammen, ist die Auswahl noch größer. Gibt man im Internet *nursery rhymes* ein, so erhält man in Sekundenschnelle fast 50 Angebote zu englischsprachigen Reimsammlungen – ein Spiegelbild der reichen Tradition in der Kategorie *simple traditional poem or song*, wie das OALD *(Oxford Advanced Learner's Dictionary) nursery rhyme* definiert. Dabei unterscheidet man (SAUER 2003) *nursery rhymes*, wie den Klassiker *Humpty Dumpty sat on a wall* in der Altersgruppe bis zu acht Jahren, von sogenannten *school rhymes*, die auf dem Schulhof auch gespielt werden und altersmäßig an die erste Gruppe anschließen. Dazu gehört z. B. der bekannte Hüpfreim *Teddy bear, teddy bear, turn around*. Eine dritte Gruppe bildet *poetry for children* – Gedichte, die speziell für Kinder geschrieben sind oder durch ihren Inhalt Kindern zugänglich sind. Ein Gedicht, auf das dies völlig zutrifft und das auch Erwachsene schmunzeln lässt, das aber von Ihren Kindern aus der eigenen Erfahrung heraus sofort verstanden wird, ist das folgende von IAN MCMILLAN (CREBBIN 2000, S. 104):

Going to sleep
Going to sleep is a funny thing,
I lie in bed and I'm yawning
And Dad is reading a story and then ...
Suddenly it's morning.

Eine wahre Schatzkammer an Reimen und Gedichten können Sie in einer leicht zugänglichen Sammlung entdecken, die begleitet wird von einer CD und neben den Texten noch Aufgabenblätter enthält (REISENER 2005). Verblüffend einfache Gedichte werden Sie dort finden wie:

*Remember little **m**.*
*Remember little **e**.*
Put the two together,
*And remember little **me**.*

Und nie werden Ihre Viertklässler die Aussprache von *dinosaur* vergessen, wenn sie den folgenden witzigen Reim gelernt haben:

A dino was behind a tree.
I said, "Please, Dino, come with me".
It's fun to have a dinosaur.
But have we got a 'dino-door'?

Wenn Sie Texte der englischsprachigen Kinderliteratur altersangemessen einsetzen möchten, müssen Sie diese nicht nur kennen – am besten auswendig –, sondern Sie brauchen auch Kriterien der inhaltlichen und der sprachvermittelnden Relevanz, um sie auswählen zu können. Meist reicht gesunder Menschenverstand, um das in einem Reim oder Lied enthaltene Vokabular darauf zu prüfen, ob es auch in der Alltagskommunikation auftritt. Das trifft z.B. nicht zu für die Entsprechung von Ringel-Rangel-Rose im Englischen mit *Ring a ring o'roses, a pocketful of posies*. Kein Grundschulkind im Frühbeginn wird dies notwendig lernen müssen, selbst wenn das Lied und Kreisspiel zum traditionellen fremdkulturellen Grundbestand gehören.

Abzählverse sollten Sie stets parat haben, weil Kinder z.B. bei der Auswahl für eine Aufgabe deren willkürliche Entscheidung als selbstverständlich und ohne Widerstand akzeptieren (und dabei sehr schnell rhythmisierte Strukturen lernen). Ein Klassiker darunter ist das folgende *traditional*, das die Kinder sehr schnell mitzusprechen lernen:

One, two, three – a bumble-bee
Stings a man upon the knee,
Stings a pig upon the snout –
One, two, three – and you are out.

Nachdem Sie den Wortschatz eines solchen Reims und auch jedes gebundenen Gedichtes durch den Einsatz von bebilderten *flashcards* oder durch Erzählen des Inhalts in Form einer kleinen Geschichte erarbeitet haben, empfiehlt MARTIN, es als Gruppe oder als Partnerspiel zu klatschen. „Das rhythmische Mitklatschen beim ersten Zuhören oder gar beim Mitsprechen (!) ist leichter gesagt als getan, aber es involviert die Kinder in einer bemerkenswerten Weise" (MARTIN 2002, S. 108).

Ähnliches trifft auf *chants* zu. Das sind stark rhythmisierte Sprechgesänge ohne Musikbegleitung, die Sie bei emotional aufgeheizten Fußballspielen hören können, häufig wenig nett und politisch inkorrekt gegenüber der gegnerischen Mannschaft. Wenn Sie einen solchen *chant* einmal gehört haben, werden Sie ihn auf dem ganzen Heimweg nicht los, weil der Text, melodisch getragen, ein Zwitter zwischen Sprechen und Singen ist, häufig wiederholt wird und sich umso fester in unser Gedächtnis eingräbt. Dies alles trägt im Englischunterricht dazu bei, dass Sie *chants*, unterstützt durch Bewegungen und Rhythmus, erfolgreich einsetzen können, um zusammenhängendes Sprechen und Aussprache zu üben und den Unterricht aufzulockern. Als weiteren Vorteil können Sie einen *chant* selbst formulieren und rhythmisch unterlegen. Wie einfach das geht, zeigt das folgende Beispiel:

I'm the fastest.
I'm the fastest.
No, you aren't.
Yes, I am.
No, you aren't.
Let's find out.
Ready, steady, go!

Schnell finden sich dazu die entsprechenden Bewegungen für die Kinder: mit dem Daumen auf sich zeigen, den Kopf schütteln, nicken, klatschen, losrennen (HOLBRÜGGE/KRAAZ 2004, S. 104). Solch ein „Losrennen" bringt Bewegungsfreude, Motivation für die Sprache und Spielfreude in Ihren Klassenraum. Zwar ist auf dem Weg zum ergebnisorientierten Unterricht, den der Frühbeginn im letzten Jahrzehnt genommen hat, die Betonung des spielerischen Zugangs zum Fremdsprachenlernen etwas schwächer geworden. Noch immer aber geht es um alters- und kindgemäßen Unterricht und in dem übernimmt das Spiel eine wichtige Rolle. In einem Handbuch für den Unterricht in Klasse 2 sind allein 46 Spiele aufgeführt, die allesamt einem Zweck dienen: die Fremdsprache lustbetont und mit Freude zu lehren und zu lernen, zu üben und zu festigen.

Wenn Sie also mit einem Lehrwerk arbeiten, können Sie sicher sein, dass ein spielerischer Zugang zum Englischen an vielen Stellen integriert ist, Ihnen Ideen liefert und den Spielverlauf erklärt. „Mit Sprache spielen" heißt ein ganzes Kapitel bei KLIPPEL (2000), das rund 20 Spiele präzise erklärt (vom Klassiker *Simons says* bis zum *Treasure hunt*) und die sprachlichen Ziele explizit nennt. Noch mehr Spiele mit ausführlichen Anleitungen finden Sie in *Games for Children* (LEWIS/BEDSON 1999).

Manchmal geht es auch mit ganz wenig Aufwand: Sammeln Sie alle kleinen Gegenständen, die auf die Fläche eines Tageslichtprojektors passen wie einen Bleistift, einen Filzstift mit Kappe, einen Schlüssel, eine Euromünze, einen Eierlöffel, eine Kuchengabel. Aus Pappkarton können Sie weitere klare Umrisse ausschneiden: ein Herz, ein Haus, einen Teddybär, einen Fisch, einen Stern. Sie legen zunächst selbst einige Gegenstände auf die Projektionsfläche, bei geschlossener Lichtklappe, öffnen sie, projizieren die Gegenstände und fragen, indem sie darauf zeigen: *What's this?* (Endlich einmal ist die Frage *What's this?* berechtigt, denn der Projektor verfremdet die Gegenstände und zeigt nur die Umrisse. Die Kinder überbieten sich im Erkennen und Benennen der Gegenstände.) Sodann schließen Sie die Lichtklappe wieder, nehmen einen Gegenstand möglichst unbemerkt fort und fragen *What's missing?* Mit Spannung und Konzentration fixieren die Kinder das Projektionsfeld, bis sich plötzlich jemand meldet mit *The pencil's missing*, vielleicht auch erst nur mit *The pencil* – worauf Sie einfach mit *Yes, the pencil's missing* reagieren. Daran anschließend fragen Sie: *Who wants to be my classroom helper today?* Ein Kind übernimmt Ihre Rolle, entfernt jeweils einen anderen Gegenstand von den zurückgelegten und fragt *What's missing?* Wenn Sie der Meinung sind, dass die Strukturen *What's missing?* The *pencil/key/heart/Euro/teddybear is missing* ausreichend sicher beherrscht werden, können Sie den Plural üben, indem Sie zwei Gegenstände fortnehmen und die Struktur vorgeben:

What's missing?
Oh look, the teddybear and the pen are missing.

Auch diese neue Herausforderung findet Ihre Klasse spannend, besonders, wenn jedesmal ein anderes Kind die Lehrerrolle übernimmt und bald selbst auf die Idee kommt, nun die Klasse mit drei entfernten Gegenständen und damit schon einer recht langen Äußerung zu fordern. (Beim Euro beachten Sie bitte: Da das Wort in der Aussprache einen sogenannten J-Vorschlag hat, also beim Sprechen nicht mit einem Vokal beginnt, heißt es im Englischen *a Euro* = ə ˈjʊərəʊ.) Wie Sie sehen, liegen Spiel und Lernen im Frühbeginn eng beieinander.

Fehlertoleranz und Fehlerkorrektur

Der sprachliche Lernprozess ist ein überaus komplexes Geschehen, das in keiner Form, weder beim Erstsprachenerwerb des Kleinkindes noch beim Zweitsprachenerwerb, ohne Fehler verläuft. Man kann die auftretenden Fehler als Ärgernis werten, weil die Schüler unwillig oder unfähig sind, konzentriert mitzuarbeiten und die intensiven Bemühungen der Lehrkraft aufzugreifen. Man kann Fehler auch ganz anders sehen. Die „Fehler", die in Kapitel 2 als Beispiele angeführt wurden für eine eigenständige Konstruktion der Wissenswelt durch die Lernenden (z. B. *the *eatroom* wie auch das **Hye, Betty* zu Beginn eines Briefes), geben der oder dem Unterrichtenden Einblicke in den Lernprozess. Dieser verläuft eben nicht in einer Eins-zu-eins-Relation von Gelehrtem und Gelerntem. Vielmehr bildet sich im Lernenden ein Zwischenstadium der Fremdsprache, das sich eigenständig verändert und sich zunehmend an die Formen und Normen der Zielsprache annähert.

Wir erkennen das mit Schmunzeln, wenn ein ausländischer Mitbürger davon spricht, er habe nun seine „dreite" Autopanne. In dieser Form ist „dreite" eine „systematische" Annäherung auf der Basis von etwas Gelerntem, die man als „intelligenten" Fehler bezeichnen muss. Hier ist nämlich zweierlei richtig gelernt worden: die Zahl drei und die grammatische Markierung von Ordnungszahlen im Deutschen, also die Bildung durch das Suffix „-te".

An diesem Beispiel wird die Rolle des weiteren sprachlichen Inputs deutlich. Dem Sprachlerner des Deutschen ist in keiner Weise geholfen, wenn man seinen „Fehler" höflich übergeht. Es hilft auch nicht, darauf zu vertrauen, dass er irgendwann die korrekte Form für „dreite" hören, aufnehmen und in seinen Sprachstand integrieren wird. Vielmehr ist ein korrigierendes Feedback gefragt, und zwar in einer Form, die für den Lerner nicht verletzend ist. „Ach was, Sie hatten schon die dritte Autopanne?" wird dem Deutschlernenden die korrekte Form im gleichen Kontext vorgeben und ihn auf seine bisherige, als korrekt empfundene, aber nicht normgerechte Form aufmerksam machen.

In einem Aufsatz mit dem hübschen Titel „*Gummybears and handshoes* – Zur Entstehung von Fehlern" warnen die Autoren HUTZ und KOLB vor zu viel Korrektur zu Beginn: „Die Lehrkraft muss schnell und unmittelbar entscheiden, ob bei fehlerhaften Äußerungen ein Eingreifen sinnvoll ist. Insbesondere im Anfangsunterricht ist bei der Fehlerkorrektur jedoch Vorsicht geboten: Zu häufiges Unterbrechen kann dazu führen, dass die Lerner verunsichert werden und sich nicht mehr zu sprechen trauen. Wenn Lernende merken, dass die Lehrerin mehr an der sprachlichen Form als an der inhaltlichen Aussage interessiert ist, kann dies für sie ebenfalls eine frustrierende Erfahrung darstellen. Generell sollte daher der Grundsatz *message before accuracy* gelten" (HUTZ/KOLB 2007, S.7), ein Grundsatz also, der die größere Bedeutung des Inhalts vor der Form betont.

Diese Art von sinnvoller Fehlertoleranz findet jedoch ihre Grenzen bei Fehlern, welche die Kommunikation beeinträchtigen – sogenannten Kompetenzfehlern –, bei Fehlern in der Aussprache und, wie schon in Kapitel 3 beschrieben, bei Fehlern im Schriftbild. In allen drei Bereichen gilt, dass es „ein bisschen Korrektheit" nicht gibt. Sie hinzunehmen bedeutet für die Kinder einen Lernumweg, der unnötig Zeit kostet.

Um Lernende auf fehlerhafte Äußerungen in der Kommunikation aufmerksam zu machen, hat es sich in der Unterrichtspraxis als hilfreich herausgestellt, ausgewiesene Unterrichtsphasen einzuführen, für die Sie als Lehrkraft fehlerhafte Strukturen gesammelt haben und nun thematisieren. In diesen sogenannten *Oops*-Phasen werden häufiger aufgetauchte Fehler bewusst besprochen und bewusst geübt, auch unter Einsatz der Muttersprache, wenn es der schnellen Klärung dient. In einer solchen Phase kann im Sinne von *language awareness* (vgl. Kapitel 3) auch geklärt werden, wie es zu Fehlern wie **present paper* oder der rätselhaft anmutenden Aussage eines Schülers *The whale lives in the *guinea* kommt. (Über das MEERschweinchen war in einer anderen Stunde gesprochen worden.)

Als unmittelbare Reaktion auf fehlerhafte Äußerungen bietet sich im Unterricht eher eine implizite Fehlerkorrektur an, die den Beitrag eines Schülers aufnimmt, ihn korrekt formuliert und weiterführt, wie am folgenden Beispiel gezeigt:

L: *What's missing?*
S: *Cat.*
L: *Yes, you're right. The cat's missing.*

Diese Art von Korrektur nennt man mit dem Fachausdruck *expansion*, also Erweiterung. Sie hat gleich zwei Vorteile: Zum einen wird das Kind nicht direkt auf eine unzureichende Äußerung aufmerksam gemacht, zum anderen erfährt es durch die Lehrkraft eine Bestätigung, zugleich aber auch einen erweiterten Input.

Trotz allen Übens wird es vorkommen, dass ein Schüler in einem Rollenspiel sich plötzlich selbst unterbricht, d.h. mitten in der Frage, die er schon begonnen hat, sich an Sie wendet und auf Deutsch fragt: „Was heißt noch mal ‚Bahnhof'?" Auch dies ist ein ganz normaler Vorgang, den man *code-switching* nennt und der im Kontext „aufgeklärte Einsprachigkeit" schon besprochen wurde. Gemeint ist das Wechseln von einem Code in einen anderen, z.B. vom Englischen ins Deutsche. Bilinguale Sprecher tun das häufig, wenn sie sicher sind, dass auch das Gegenüber den anderen Code genauso gut kennt wie sie selbst. In diesem Fall werden Sie also ganz selbstverständlich antworten: *It's the station*. Entscheidend ist nur, dass Sie als Lehrkraft und fremdsprachliches Vorbild im Englischen verbleiben, während Ihre Lerner wissen müssen, dass sie Sie jederzeit auf Deutsch nach einem englischen Ausdruck fragen können.

Lehrwerke als Fundgrube und Leitmedium

In allen Lehrplänen der Bundesländer steht, dass die Kinder am Ende der vierten Jahrgangsstufe bzw. am Übergang zur Sekundarstufe I verlässliche Kenntnisse und Kompetenzen zum übergeordneten Ziel der Kommunikation in der Fremdsprache aufweisen sollen. In der Vergangenheit gewährte man den Lehrkräften großen Spielraum bei der Umsetzung dieser gesetzlichen Vorgaben in Bezug auf die selbst gewählten und aus unterschiedlichen Quellen beschafften Materialien. Mal dieses Lied, mal jenes Spiel, mal dieses Arbeitsblatt, mal jenes *storytelling*. Meist gingen die Lehrkräfte themengebunden vor und suchten Material zu Themen wie *Seasons*, *My body*, *Flying a kite*, *Christmas*, *Clothes*, was eine zeitraubende Unterrichtsvorbereitung bedeutete, wenn man sichergehen wollte, dass Fertigkeiten gezielt aufgebaut wurden. Damit verbunden war eine erhebliche Verantwortung für eine systematische Unterrichtsplanung, die eine lernzielgeleitete, ergebnisorientierte Progression im Auge behält (vgl. SCHMID-SCHÖNBEIN 2007, S. 53–59).

Angesichts dieser Situation folgerte SAUER: „Es ist empirisch nachweisbar und entspricht schlichten pädagogischen Alltagserfahrungen, dass Lehrende überfordert sind, die über längere Zeit ohne ein Leitmedium unterrichten […]. Das ist besonders der Fall, wenn die innere Struktur des Gegenstandes – wie bei den Fremdsprachen – eine *progressive und sequentielle* ist [Hervorhebung GSS], wonach neue Lernerfolge immer auch von vorangegangenen abhängig sind" (SAUER 2000b, S. 34).

Nutzen Sie darum die Arbeitserleichterung durch ein Lehrwerk, das langfristig auf der Basis von Lehrplänen von einem Team von Fachleuten erarbeitet wurde. Ein solcher Expertenkreis stimmt die Ziele, Inhalte, Methoden und Fortschritte aufeinander ab, legt sie im Lehrerhandbuch erklärend dar und wählt zur Umsetzung im Unterricht geeignete Medien aus. Es verwundert daher nicht, dass sich in der Praxis des Schulalltags Folgendes beobachten lässt: „Unterrichtsbesuche in vielen Schulen zeigen ganz klar, dass Kinder, die mit guten Lehrwerken arbeiten, leistungsmäßig Klassen überlegen sind, in denen hinsichtlich der Progression im Wortschatz und den Strukturen keinerlei Muster zu erkennen sind" (GERNGROSS/SCHOCKER-V. DITFURTH 2006, S. 3).

Inzwischen sind verschiedene Lehrwerke auf dem Markt erschienen (vgl. die Übersicht im Anhang S. 136), für den Beginn in Jahrgangsstufe 3 wie auch für den Beginn in der ersten Jahrgangsstufe. Auf der Internetseite des jeweils zuständigen Ministeriums werden auch die für den Fremdsprachenunterricht in Grundschulen zugelassenen Lehrwerke aufgeführt.

Zu den Komponenten eines Lehrwerks gehören:
- das *Pupil's Book* mit einer sinnvollen Progression im Wortschatz, in den Strukturen und den Sprachfunktionen. So wird ein angemessenes Fortschreiten gesichert, mit Möglichkeiten der Binnendifferenzierung und Festigung der Lernergebnisse. Darauf abgestimmt sind die gleichzeitige Schulung der Fertigkeiten des Hörverstehens, Sprechens und Leseverstehens, später auch des Schreibens.
- das *Activity Book* mit Übungen zur Wiederholung und Festigung des Gelernten, in denen die Kinder größtenteils selbstständig, d. h. ohne größere schriftliche Instruktionen, durch Zuordnen, Ankreuzen, Verbinden oder ähnliche Aufgaben arbeiten und ihr Sprachkönnen zeigen können.
- die *Medien* zur Übung des Hörverständnisses und Anbahnung des Sprechens. CDs, Videos und interaktive CD-ROMs sind unverzichtbar, damit außer dem Sprachvorbild der Lehrkraft auch die Stimmen und Sprachfärbungen der *native-speakers* die Kinder an die Realsituation fremdsprachlicher Sprecher in der Außenwelt gewöhnen.

Das *Lehrerhandbuch* nimmt einen sehr viel größeren Stellenwert ein, als das üblicherweise bei Handreichungen zu Lehrwerken der Fall ist. Im früh beginnenden Englischunterricht kann man es als das zentrale Kernstück für die Lehrkraft bezeichnen. Bei den vorliegenden Lehrwerken sind die Verlage größtenteils ihrer Verantwortung und Aufgabe gerecht geworden, Handbücher zusammenzustellen, die neben einer Fülle von methodischen Überlegungen zur Unterrichtsplanung auch Hinweise zur Aussprache, zu *language awareness*, zu *cultural awareness* und zu Ritualen im täglichen Unterrichtsablauf enthalten.

Lehrkräfte, die selbst nie Englischunterricht in der Grundschule erfahren haben, benötigen neben didaktisch-methodischen Planungshilfen auch schlichte *classroom language*, deren spezifisches Vokabular sowie Höflichkeitskonventionen vom Ausbildungsgang her fehlen. Ein Beispiel aus *Ginger 1*: "It's time to tidy up. – Tidy up your tables, please. – Put your scissors/glue stick back into your pencil case/on the shelf. – Throw all the scraps into the bin, please" (HOLLBRÜGGE/KRAATZ 2003, S. 15).

Die *Handpuppe* ist ein charakteristischer Teil eines jeden Lehrwerks für den früh beginnenden Fremdsprachenunterricht, die in unterschiedlicher Gestalt die Lehrkraft bei der Vermittlung unterstützt – als ein Tier (Hund, Maus, Affe), als eine Fantasiefigur oder als eine der Realität angenäherte Figur wie z. B. ein Matrose, der englisch sprechende Länder ansteuert. Die didaktische Begründung und die Methodik des Einsatzes wurden bereits im Unterkapitel „Die Handpuppe: ein unersetzlicher Dialogpartner" (vgl. S. 68 ff.) diskutiert.

Sonderhefte für die *Leistungsfeststellung* wurden jeweils auf der Basis eines Lehrwerks entwickelt, weil den Lehrkräften der Grundschule zwangsläufig der notwendige Erfahrungshintergrund zur Leistungsfeststellung im Fremdsprachenunterricht fehlt. So ist verständlich, dass HOCHSTETTER aus ihrer eigenen Schulerfahrung berichtet:

„Leistungsfeststellung ist ein Wort, das bei vielen Kolleginnen und Kollegen negative Assoziationen und oft auch eine gewisse Abwehrhaltung weckt" (2005, S. 3). Vor diesem Hintergrund sind Verlage dazu übergegangen, den Lehrwerken jahrgangsbezogene Hefte zur Leistungsfeststellung beizugeben, die auf die Methoden und Inhalte des Unterrichts abgestimmte Aufgaben enthalten, teils in Form von Arbeits- und Testbögen für die Kinder, teils in Form von Beobachtungsbögen für die Lehrkraft. Da ein Hauptziel des Unterrichts der Entwicklung des Hörverständnisses und des Sprechens gilt, wird dem Heft meistens auch eine Audio-CD mit Arbeitsanweisungen für die Schüler beigefügt.

Authentische englischsprachige Kinderbücher

Sollte man zusätzlich zu einem Lehrwerk noch *picture books* einsetzen? Gönnen Sie sich und den Kinder bei besonderen Gelegenheiten eine Belohnung im Unterricht. Mit einem authentischen Bilderbuch aus dem englischsprachigen Raum begibt sich Ihre Klasse ein Stück weit auf die Reise in die Fantasiewelt englischsprachiger Kinder und lernt dabei Ausdrucksweisen kennen, die im Bewusstsein dieser Kinder verankert sind. GAIL ELLIS und JEAN BREWSTER, die Autorinnen des bekanntesten Handbuchs zum Thema, sagen es so: *„Storybooks reflect the culture of their authors and illustrators, thereby providing ideal opportunities for presenting cultural information and encouraging cross-cultural comparison"* (ELLIS/BREWSTER 2002, S. 2). Ein wirkliches Stück interkultureller Begegnung ermöglichen Sie Ihren Kindern besonders dann, wenn Sie ein *picture book* auswählen, dessen skurriler Illustrationsstil, wie z.B. jener von KORKY PAUL in der Serie *Winnie the Witch*, in unserer Bilderbuchkultur nicht vorhanden ist und Ihre Schülerinnen und Schüler deswegen besonders faszinieren wird.

Abb. 8: Das Bilderbuch *Winnie in Winter* von Korky Paul und Valerie Thomas, Oxford OUP 1999

Ihre Klasse soll aber auch einen sprachlichen Gewinn dabei haben, und das vielleicht sogar unbewusst, während sie mit Freude und Interesse der Geschichte folgt. Dabei setzt man sogenannte *real books* ein, die nicht speziell für das fremdsprachliche Klassenzimmer geschrieben wurden, sondern authentische Sprache bieten, geschrieben für englische Kinder. (Sie finden die Liste der sogenannten „Hamburger Bücherkiste für Englisch in Klasse 3 und 4" im Anhang zu Piepho 2007 sowie viele Empfehlungen und auch die Bezugsquelle dafür unter www.realbooks.co.uk oder bei www.Early-Learning.de.)

Wenn Ihre Schülerinnen und Schüler ein solches Buch durchblättern und die Sprache aufnehmen, sind sie stolz darauf, ein „richtiges" englischsprachiges Buch in Händen gehabt zu haben. Dabei sollten Sie keine Sorge haben, dass ein solches Buch für Ihre Lerner zu schwierig sei. Dazu heißt es in dem schon zitierten Handbuch: *„Children have the ability to grasp meaning even if they don't understand all the words; clues such as intonation, mime, gestures, the context and visual support help them to decode the meaning of what they have heard"* (Ellis/Brewster 2002, S. 8).

Und selbst wenn die Kinder nicht Wort für Wort alles verstanden haben, so ist gerade die Herausforderung, Vermutungen über das Geschehen aufgrund Ihrer Hinweise, der Handlungsstruktur des Buches oder der Reaktion von Mitschülern anzustellen, eine wichtige Basis für die kognitive Weiterentwicklung der Kinder. Dazu gehört auch das Schulen einer sogenannten *visual literacy*, d.h., die Kinder lernen, Bilder zu „lesen". *„It is very important to develop children's visual literacy as providing information through visual images is an important means of communication in the global world. If you show pupils the pictures in a story book, giving them time to 'read' the images, they will be able to give you a pretty accurate account of what the story is about"* (Ellis/Brewster 2002, S. 8).

Die Zeit, die die Kinder aufwenden, um Bilder zu „lesen", wird auch dazu dienen, das Schriftbild eines Buches aufzunehmen, besonders dann, wenn Sie das Buch zum selbstständigen Wieder-Lesen in eine gemütliche *English Book Corner* (s. u.) geben.

Zum Glück gibt es viele authentische *picture books*, die sich für unseren Unterricht sprachlich hervorragend eignen, weil sie keine komplexen Satzstrukturen, sondern häufig *chunks of language* wiederholen, d.h. zusammenhängende Äußerungen, welche die Kinder dem Sinn nach schnell übernehmen und auch wieder anwenden, ohne dass die Bedeutung der einzelnen Formen bekannt sein muss. Eine Lehrerin, die mit der Klasse ein *picture book* über einen kleinen Frosch erarbeitete, der beim Anziehen immer wieder feststellen muss, dass er ein Kleidungsstück vergisst und dies mit *Oops! I forgot my scarf* oder Ähnlichem kommentiert, berichtete: „Die unterschiedlichen *chunks of language* wurden von den Kindern im nachfolgenden Unterricht immer wieder aufgegriffen und auf andere Situationen übertragen. Ein Beispiel: Ein Kind geht in die Pause, hat aber seine Jacke vergessen. Es dreht sich zu mir um: *Oops! I forgot my coat.* Die Geschichte dient dem Kind somit als Anker und hilft ihm in alltäglichen Situationen, die Fremdsprache situationsgerecht anzuwenden" (DIEKMANN 2004, S. 7/8). Es wird kaum ein Kind geben, das nicht nach stark rhythmisiert vorgetragenen Texten wie dem folgenden diese nachsprechen und in anderen Kontexten die Struktur anwenden kann:

Does a kangaroo have a mother, too?
Yes, a kangaroo has a mother
Just like me and you. (CARLE 2000)

Abb. 9: Titelbild des Bilderbuchs *Does a Kangoroo have a Mother, too?* von ERIC CARLE

Dieses Buch hat viel von dem, was für das Englischlernen besonders geeignete *picture books* auszeichnet – *"the built-in repetition of words and phrases that is most helpful for language learning"* (CAMERON 2001, S. 169). Bei Kinderbüchern mit vielen Wiederholungen sind Kinder zu 66 Prozent in der Lage, die Geschichten nachzuerzählen, bei Geschichten ohne Wiederholungen hingegen können dies nur 29 Prozent (MOURAO JONES 2006, S. 54). Hinzu kommt die Voraussehbarkeit der Fragen beziehungsweise der Antworten, die Ihre Kinder aus ihrem Weltwissen heraus zu überlegenen Hörern, Sprechern und schließlich Lesern macht. Sie wissen schließlich, dass auf die Frage *Does a lion have a mother, too?* nach dem Umblättern nur die Antwort kommen kann: *Yes, a lion has a mother – just like me and you*, und werden das Selbstverständliche gern mitsprechen oder sogar lebhaft in die Klasse rufen.

Einen anderen Aspekt hebt die Autorin ANNIE HUGHES hervor, nämlich die Funktion der *story markers* für die Struktur von Geschichten: *"These include language such as 'Once upon a time …', 'but …', 'And then …', 'So …', 'Finally …' and '… happily ever after', throughout the narrative. Within the authentic picture books and stories these are presented sequentially and so help the understanding of the story. It is clear to the listener or reader what comes first, second and finally or, in other words, the stories have clear beginnings, middles and endings"* (HUGHES 2006, S. 153).

Der Einsatz von Bilderbüchern bringt unumgänglich ein Problem mit sich, das Lehrkräfte gelegentlich zweifeln lässt, ob sie wirklich für den Englischunterricht auf der Primarstufe geeignet sind. *Real books* sind nun mal für Kinder mit Englisch als Muttersprache geschrieben. Deshalb kommen wegen des noch begrenzten Lernstands jene für den Englischunterricht in der Grundschule in Frage, die eigentlich für jüngere Kinder gedacht sind. Die Inhalte sind also nicht immer dem Lebensalter unserer Lernenden angemessen. Das braucht Sie aber nicht zu irritieren, denn für Ihre Kinder liegt die Herausforderung in der Entschlüsselung des englischen Textes und in seiner Verwendung in anderen Kontexten, besonders wenn Sie eine witzige, ungewöhnliche Geschichte mit überraschendem Ausgang finden. Auch sind nicht alle Bilderbücher gradlinig auf einfache Wiederholungen angelegt; der Text kann durchaus variieren, selbst wenn es sich um die gleiche Redesituation handelt. In *Mr Gumpy's Outing* (BURNINGHAM 2001) wollen eine Reihe der Freunde mit in *Mr Gumpy's* Boot fahren. Sie fragen sehr höflich, aber stets in leicht variierter Formulierung: *"May we come with you?" said the children./"Can I come along, Mr Gumpy?" said the rabbit./"I'd like a ride", said the cat./"Will you take me with you?"* said the dog./*"May I come, please, Mr Gumpy?"* said the *pig*. Also eine Fülle von höflichen Fragen und Bitten, die Ihre Kinder lernen und mit dem schon erwähnten Stolz auf das Authentische anwenden können.

Ebenso wichtig ist, ob Sie das Bilderbuch lieber Wort für Wort vorlesen oder die Geschichte relativ frei auf der Basis der Bilder erzählen. Dies ist eine Entscheidung, die nur Sie allein treffen können. Fühlen Sie sich vertraut mit dem Inhalt? Sind Sie sprachlich so fit, dass Sie sich vom Text lösen können? Glauben Sie, dass Sie mit Ihren Kindern besseren Augenkontakt und einen größeren Spannungsbogen halten können, wenn Sie erzählen statt vorzulesen? Für diese Entscheidung gibt es kein Dogma, schließlich sind auch Mischformen zwischen Vorlesen und Erzählen denkbar. Entscheiden Sie sich bei jedem Buch angesichts der sich stellenden Fragen neu, empfiehlt die Expertin HEIDE NIEMANN (2002, S. 21).

Viele Bilderbücher sind für das Erzählen oder Vorlesen vor der ganzen Klasse schlicht zu kleinformatig, weil sie eigentlich für die intime häusliche Situation gedacht sind. Häufig kann man selbst in einem größeren Stuhlkreis die Illustrationen nicht genau erkennen. Deshalb sind die britischen und amerikanischen Verlage dazu übergegangen, parallel großformatige sogenannte *big books* zu erstellen, die es Ihnen sehr gut ermöglichen, das aufgeschlagene Buch im Sitzkreis auf den Knien zu halten und den Kindern die Geschichte zu erzählen, im Kreis nachzufragen und einzelne Kinder etwas auf den Seiten zeigen zu lassen. Auch ein deutscher Verlag bringt inzwischen solche großformatigen Bücher heraus, in diesem Fall mit dem zusätzlichen Vorteil, dass jeweils auf der Rückseite eines Bildes der englische Text zum Vorlesen wiedergegeben ist (KLIPPEL/PREEDY 2001 und 2002). Mit der Größe der Bücher erhöht sich leider auch der Preis erheblich, der die Anschaffung als Gemeinschaftsaktion Ihres Kollegenkreises angeraten sein lässt.

In manchen Grundschulklassen findet man eine gemütliche Bücherecke, die vom übrigen Klassenraum etwas abgetrennt ist. Ein ausrangiertes Sofa, zwei bequeme alte Sessel oder Sitzkissen und ein gespendeter Teppich bilden mit einem Bücherregal eine Rückzugsecke, in der man lesen oder die Bücher anschauen kann. Teil der Bücherecke kann die *English Book Corner* sein, in der Sie die gesammelten oder gespendeten Bilderbücher zur Verfügung stellen. Allerdings empfiehlt es sich, englische Bücher erst dann dort einzustellen, wenn sie schon mit der Klasse erarbeitet worden sind, weil sich sonst beim selbstständigen Erlesen der Texte Aussprachefehler einstellen oder gar einschleifen. Aus der Praxis kommt dieser Rat: „Möglichst viele Bücher sollten mit der Titelseite ausgestellt werden – nicht nur Buchrücken an Buchrücken im Regal stehen oder gar gestapelt in einer Kiste liegen –, damit eine ansprechende Wirkung auf die Kinder gewährleistet wird. Es können z.B. auch vergrößerte Titelbilder von Büchern als Poster aushängen oder es kann gemeinsam mit Kindern ein Wandfries mit Titelfiguren aus Büchern erstellt werden. Grundsätzlich sollten die Schülerinnen und Schüler in die Gestaltung und Verwaltung der Bücherecke einbezogen werden; so könnte auch ein Ausleihsystem existieren, für das die Schülerinnen und Schüler selbst verantwortlich sind" (ZAADE 2003, S. 14).

Und schließlich noch ein Vorschlag zum Thema: Stellen Sie an einem Elternabend Ihre *English Book Corner* vor, indem Sie den Eltern ein Buch vorlesen und sie die anderen Bücher ansehen lassen. Dem Zauber der Bücher werden sich auch die Erwachsenen nicht entziehen können und sie bekommen zugleich einen Eindruck von Ihrem Englischunterricht, der so ganz anders ist, als sie ihn während ihrer Schulzeit erlebten.

Storytelling als Hilfe zum ganzheitlichen Strukturerwerb

In einer Zeit, in der gesellschaftskritisch die visuelle Reizüberflutung von Kindern und Jugendlichen durch Druckmedien, Fernsehen und Internet beklagt wird, hat die Autorin JOANNE K. ROWLING mit der Serie ihrer Harry-Potter-Geschichten einen überwältigenden Erfolg. Kein farbiges Bild, keine erläuternde Zeichnung illustrieren diese Abenteuer in der von Zauberern und Fabelwesen bewohnten Phantasiewelt – nur mit der Kraft des Wortes und ihrer Erzählkunst gelang es ROWLING, Millionen von Kindern (und Erwachsenen) in den Bann ihrer Geschichten zu ziehen und gleichzeitig einen ironisch-kritischen Blick auf die „normale" Menschheit zu werfen.

Kein Beispiel könnte besser illustrieren, welche Faszination von guten Geschichten ausgeht. Seit Menschheitsbeginn versuchen sie, die Welt zu erklären, und bieten Entwürfe zur Bewältigung von Lebensproblemen. Darüber hinaus überliefern sie die Geschichte und kulturelle Identität von Gemeinschaften.

In jeder gelebten Form ist das Erzählen von Geschichten immer ein soziales Ereignis der Kommunikation in einer Gruppe. Der Erzähler setzt seine Stimme, Mimik, Gestik und Körpersprache ein, um die Zuhörer zu fesseln, die ihm konzentriert zusehen und lauschen. Dies hat schon immer nicht nur für Erwachsene, sondern besonders auch für Kinder gegolten.

Im Vorwort zum Buch *Storytelling with Children* (WRIGHT 1995) beschreibt der Herausgeber ALAN MALEY die natürliche Faszination, die für Kinder von Geschichten ausgeht:

> "'Once upon a time ...': magic words which open the door into new worlds where anything is possible because the normal rules of logic do not apply; worlds where children (of all ages) can let their imaginations loose in a framework of safe familiarity. And, once those words have been spoken, there must be few people who can resist the fascination as they are drawn deeper into the web of the story."

Für die Kinder ist es ein mehrdimensionaler Prozess, einer Geschichte zu folgen. Einerseits werden sie quasi in das Geschehen hineingezogen, mit dessen Ritualen sie aber in gewissem Rahmen vertraut sind. (Am Ende wird immer alles gut.) Andererseits erleben sie mit, welche Erfahrungen die handelnden Personen in der jeweiligen Geschichte machen, und sie erhalten dadurch Hilfestellung bei der Erschließung ihrer eigenen Lebenswelt und erweitern somit ihren Horizont.

Die Frage liegt nahe, ob neben diesen unzweifelhaft lohnenswerten allgemein-pädagogischen Zielsetzungen das *Storytelling* denn auch zielsprachliche Fertigkeiten fördern kann. Antworten darauf finden sich wiederholt bei PIEPHO, der dem Geschichtenerzählen als Unterrichtsmethode im Grundschulenglisch eine tragende Rolle zuspricht, mehr noch, dazu auffordert, *Storytelling* als festen Bestandteil in jede Unterrichtseinheit einzubringen:

> „Ebenso bedeutsam ist die Notwendigkeit, dass die Lehrerin/der Lehrer täglich bzw. in jeder Englischphase eine kleine Geschichte erzählt bzw. eine reale oder fiktive Begebenheit mitteilt. Dieser *extensive meaningful comprehensible input* ist die wichtigste Voraussetzung eines erfolgreichen Spracherwerbs" (PIEPHO 1996, S. 87).

PIEPHOS Wertschätzung des *Storytelling* wurde 2007 postum durch eine Veröffentlichung unterstrichen, die nicht mehr von ihm selbst herausgegeben werden konnte. Darin heißt es, dass im Frühbeginn „Geschichten [...] fast alle sprachlichen Phänomene der Anfangsstufe [enthalten] und [...] ständig Wortschatz, Kollokationen, Formen, Fügungsregeln und grammatische Bedeutungsweisen um[wälzen]. Sie sind keine Zückerchen im Alltagsbrei des harten Unterrichtsgeschehens, sondern vielmehr der Kern des Sprachwachstumsprozesses" (PIEPHO 2007, S. 7).

Geschichten sind ein Verfahren, um mehrere Ziele zugleich umzusetzen. Zunächst können Sie sich der Aufmerksamkeit und Konzentration sicher sein, weil Kinder Geschichten lieben und leider immer seltener zu hören bekommen. Die Kinder werden neugierig zuhören. Sie wollen sich mit dem Geschehen identifizieren können, den Handlungsablauf, die Pointe, die Lösung eines Konflikts verfolgen.

Sie wollen die Handlung auch im Kontext der fremden Sprache verstehen und lassen sich nicht davon beirren, dass sie Einzelheiten nicht sofort erfassen. Sehr bald merken die Lernenden, dass genaues Zuhören auch Verstehen lernen heißt, besonders dann, wenn dieses von Ihnen durch stark dramatisierendes Erzählen unterstützt wird.

Dabei ist der Gewinn für die Kinder nicht zu unterschätzen, wenn sie Strukturen der Geschichte in ihrer gleich bleibenden Wiederholung verstanden haben. Erinnern Sie sich an das Märchen „Rotkäppchen und der Wolf": Die Satzstruktur „damit ich dich besser sehen/hören/riechen/fressen kann" werden Sie vermutlich auch schnell begriffen und verinnerlicht haben. Genauso nehmen die Kinder im Grundschulenglisch – auch aus Freude am Wiedererkennen – solche Strukturen ganzheitlich auf und sprechen sie sehr bald – nach einer dramatisch und erwartungsvoll von Ihnen eingesetzten Pause – erst mit und reproduzieren sie dann zunehmend selbstständig. Aktiv geübt wird dies, wenn Sie im Anschluss an ein *Storytelling* die Geschichte mit Ihrer Lerngruppe dramatisieren und in ein Rollenspiel umsetzen.

Wie einfach das schon im Anfangsunterricht geschehen kann, sei an dem Beispiel *The lion is ill* (GERNGROSS et al. 1997) illustriert. Der arme Löwe liegt krank im Bett, wie deutlich auf der Bildkarte dargestellt, auf der er mit Fieberthermometer und Schal um den Hals zu sehen ist. Nun kommen der Reihe nach verschiedene Tierfreunde, die jeweils mit *The elephant/monkey/hippo/snake wants to help* vorgestellt werden. Jedes Tier bringt ein Instrument mit und bietet – mit gleich bleibender Struktur – an: *Lion, listen to my music.*

Aber der arme Löwe fühlt sich so schlecht, dass er jedes Mal abwehrt, immer mit der gleichen Antwort: *Oh no, stop it, please!* Schließlich ist der Löwe wieder allein, hört aber durch das geöffnete Fenster eine wunderschöne Musik, die von allen seinen Tierbesuchern gemeinsam in trauter Harmonie gespielt wird. Das tut ihm gut. Er lehnt sich aus dem Fenster und sagt zu seinen Freunden: *Thank you, thank you for the wonderful music.* An diesem Beispiel ist abzulesen:
- Die Schülerinnen und Schüler können in die Geschichte eigene Vorerfahrungen einbringen. Man fühlt sich elend, wenn man Fieber hat.

- Sie entwickeln Empathie mit dem leidenden Löwen.
- Sie lernen die beschreibende Struktur *The elephant/monkey/hippo/ snake wants to help* sowie die wiederkehrende Aufforderung *Lion, listen to my music.*
- Sie erfahren, dass auch wohlmeinend angebotene Hilfe manchmal abgewehrt wird.
- Sie übernehmen die wiederholte höfliche Abwehr des Löwen *Oh no, stop it, please*
- Sie lernen, dass gemeinsame Anstrengung zum Erfolg führen kann, wenn man sich einig ist.
- Sie verstehen die dankbare Äußerung *Thank you, thank you for the wonderful music.*

Zuhören, Verstehen, soziales Handeln, Englisch lernen: Das alles kann so eine kleine, durch Bildkarten und dramatisierendes Erzählen gestaltete Geschichte im Rahmen von *Storytelling* leisten. Dabei wird es kaum ein Kind geben, das nicht spätestens bei der dritten Wiederholung der gleichen Struktur *Listen to my music* diese entweder still oder auch schon laut mitsprechen wird. Bei der anschließenden Umsetzung in ein Rollenspiel, bei dem der arme Löwe mit Schal und Fieberthermometer krank auf einem Klassentisch liegt und die Tiere ihre Instrumente durch entsprechende Gestik und Stimmgeräusche imitieren, wird es für die einzelnen Kinder ein willkommener Anlass sein, die gelernten Strukturen glaubwürdig und der Situation angemessen einzusetzen.

Nun wird niemand als Geschichtenerzähler geboren, auch dieses Handwerk will gelernt sein. Dabei ist als wichtigster Grundsatz zu beachten, dass die Geschichte zunächst einmal Sie selbst ansprechen muss. Wenn Sie schon Erfahrungen in der Primarstufe haben, werden Ihnen wesentliche Strukturelemente des Geschichtenerzählens vertraut sein: die geeignete Auswahl auf ein bestimmtes Ziel hin, die eigene Vorbereitung für das mündliche Erzählen durch das Auswendiglernen des Handlungsfadens und der sprachlichen Kernsätze.

Überlegen Sie, wie Sie das Verständnis durch einen wirkungsvollen Einsatz Ihrer Stimme, durch Bilder und Requisiten unterstützen können. Sie müssen sicher sein in dem fremdsprachlichen Text und sich gezielt auf wenige, sich häufig genug wiederholende Strukturen festlegen. Zu so einfach erscheinenden Fragen wie der nach der eigenen Körperhaltung und -sprache, der notwendigen Variation im Sprechtempo und des Blickkontaktes gibt RICHARD MARTIN am Ende des Videos aus dem Schatz seiner Erfahrungen speziell für Erzählanfänger viele hilfreiche Hinweise (MARTIN und Koch 2000). Alle Einzelanregungen zusammengefasst finden Sie bei KLIPPEL (2000, S. 159–162).

Planen Sie auch, wie die Geschichte nach der für die Kinder rezeptiven Phase handlungsorientiert in aktive Sprachproduktion umgesetzt werden soll. Nach mehrmaligem, zunehmend komplexerem Erzählen einer Geschichte könnte der Lernschritt *Class creates the story* folgen. Dabei gibt die Lehrkraft jeweils mehrere Begriffe zur Auswahl vor und die Lernenden entscheiden sich für eine Variante. Da kann es z.B. heißen: *The fox wants to eat some [hamburgers/chicken/pizza] but the bear wants to buy [grapes/apples/hot dogs]*.

Damit geht die Geschichte in gewisser Weise in das „Eigentum der Klasse" über, und zwar besonders dann, wenn die Schülerinnen und Schüler die Handlung in einer Abfolge von Bildern malen, die die Lehrkraft, je nach Grad der beabsichtigten Schriftlichkeit, anschließend mit Kurztexten versieht. Dazu bieten sich Sprechblasen an, in die Sie zu den einzelnen Personen, Tieren oder Aktionen jeweils die Texte hineinschreiben. So entsteht ein von der Klasse geschaffenes Bilderbuch, das bei ausreichend großem Papierformat anderen Lerngruppen nach etwas Übung sogar von den Kindern „vorgelesen", d.h. erzählt werden kann.

Rollenspiel als soziales Sprach-Probehandeln

Noch intensiver eignen sich die Kinder das Geschehen und die Sprache an, wenn sie die Geschichte in ein Rollenspiel umsetzen. Lassen Sie mehrere Durchläufe zu und wechseln Sie dabei die Rollen, so kann z.B. jeder mal der kranke Löwe aus der Geschichte *The lion is ill* sein.

Damit die Kinder Sprache als Form sozialen Handelns anwenden können, muss dies im Grundschulenglisch gründlich und kleinschrittig vorbereitet und von der ersten Begegnung mit dem Englischen an immer mitbedacht werden. Nutzen Sie dafür z.B. alle Notwendigkeiten im Klassenraum, die geregelt werden müssen:

> „Prinzipiell muss für den Englischunterricht gelten, dass alle Rede- und Verständigungsanlässe (die Arbeit an der Tafel, das Zeichnen nach Anweisung, der Arbeitsprojektor, Spielregeln, Blumenpflege, Wandschmuck, Sitzanordnung, Wiederholungen usw.) genutzt werden, um das auf Englisch zu regeln. Das einsprachige Geschehen ist die beste Vorbedingung der Bereitschaft aller Kinder, sich in der Zielsprache zu äußern" (PIEPHO 2000, S. 45).

Für dieses „einsprachige Geschehen" ist die hervorragend ausgebildete fremdsprachliche Kompetenz der Lehrkraft (vgl. Unterkapitel „Sprache, Sprache und noch mal Sprache") die Grundvoraussetzung. Sobald diese Einsprachigkeit von allen Lernenden für selbstverständlich gehalten wird, kann das Rollenspiel für die systematischere Vorbereitung dialogischen Handelns mit Sprache eingesetzt werden. Es geht hier selbstverständlich nicht um perfekte Inszenierungen mit mehreren Personen, denn zunächst wird man die Inhalte nur sehr begrenzt umsetzen können. Nutzen sie auf jeden Fall den Vorteil, dass die Rolle und die damit verbundene Sprache schon im Handlungskontext erlebt worden ist. Mit *Oh stop it, please!* wehrt der kranke Löwe die wohl gemeinte Aufmunterung ab. Der Inhalt ist deutlich, die Aufforderung kurz, der Schwierigkeitsgrad, diese Rolle zu spielen, gering, und die Äußerung selbst von Relevanz für das Lebensumfeld der Lernenden. Mit *Oh stop it, please!* ist schon in minimaler Ausprägung eine Handlung sprachlich besetzt, mit der man etwas höflich ablehnen und zurückweisen möchte.

Das sollten Sie im Hinterkopf haben, wenn Sie Rollenspiele aussuchen und einüben. In welchen für die Lernenden realen Lebenssituationen kann „Auskunft einholen und erteilen" gespielt werden? Mit welchen Redemitteln ist das besetzt? Welche lexikalischen Einheiten werden benötigt? Sind diese bereits eingeführt?

Jedes Kind kennt die Situation, als Tourist etwas wissen zu wollen, oder umgekehrt, einem Touristen Auskunft zu erteilen. Dafür sind, wenn die Handlung einer Bildergeschichte erzählt worden ist, zunächst wieder die passenden Requisiten notwendig, damit die Handelnden wirklich in die Rolle schlüpfen können. Dies kann man zuvor mit der Gruppe besprechen: *What do we need for the tourist? And what do we need for the lady in the information office?* Alles Entsprechende haben Sie bereits in Ihrem Koffer dabei: die Kamera, den Stadtplan, das Handy für den Anruf bei der Bootsanlegestelle, die Baseballmütze, den Anorak, die Umhängetasche, die Sonnenbrille. Wahrscheinlich werden Sie selbst zunächst die sprachlich schwierigere Rolle übernehmen *(Let me see .../I'll find out for you)*.

Kommunikative Muster in Frage und Antwort werden auf diese Weise in Rollenspielen eingeübt und zur Selbstverständlichkeit, wenn sie oft genug wiederholt werden. *Could you please ...?/Excuse me, where is ... ?/ Let's see ...,/How about ...?/How much is ...?/I'd like ...,/Here is your ..., Thanks a lot./Thank you for your help.* Sind die sprachlichen Grundstrukturen eines Rollenspiels erst einmal erarbeitet und gefestigt und haben auch die zurückhaltenden Kinder Gelegenheit gehabt, mitzuspielen, so kann ein Rollenspiel ausgeweitet werden. Um im Kontext von Tourismus zu bleiben, bieten sich kleine, aber alltägliche Missgeschicke an: Das Portemonnaie ist verloren, das Boot schon abgefahren, das Hotel belegt, die Karten für das Fußballspiel liegen zu Hause.

Immer kommt es darauf an, ein Geschehen in Szene zu setzen, einen Handlungsrahmen sprachlich auszuprobieren, in dem es den Lernenden Freude bereitet, eine Rolle zu übernehmen und sich darin, der Situation angemessen, zu äußern, wobei ein bisschen Kostümierung stets hilft. Der nachfolgende „Donnerstagsbericht", den eine Grundschullehrerin regelmäßig als Form eines Feedbacks über ihren Unterricht schreiben lässt, gibt einen Eindruck davon, wie gern sich eine Schülerin in ein Rollenspiel zu *Winnie in Winter* einbrachte.

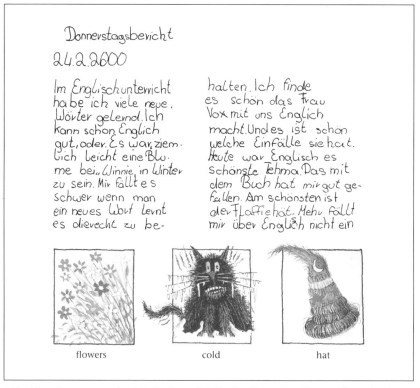

Abb. 10: „Donnerstagsbericht" einer Schülerin über den Unterricht mit einem Rollenspiel

Requisiten und Bilder als Motivation zum Sprachhandeln

Requisiten und Bilder, das Ansprechen von Gefühlen, Geräusche und das Handeln mit Sprache sind unentbehrliche Charakteristika eines alters- und schulformspezifischen Grundschulenglisch. Wegen des gesamten Begabungsspektrums in der Primarstufe wird Ihnen daran gelegen sein, die kognitiven Anforderungen an die Kinder durch ganzheitliches Lernen zu umgeben und zu ergänzen. Sie erleichtern sich deswegen Ihre Arbeit, wenn Sie sich vom Beginn Ihres Englischunterrichts an ein breites Inventar an Anschauungsmitteln zulegen. Keine Tasche, kein Korb kann groß genug sein, um all Ihre Stofftiere, Ihre farbigen Schals, Ihre Spielzeugautos, Ihr Puppenstubenmobiliar, Ihren Grundbestand an Mützen und Hüten, Socken und Handschuhen, T-Shirts und Sweatshirts zu fassen.

Zum einen brauchen Sie nicht breit mit Worten erläuternd zu semantisieren, was ein *rabbit* ist, wenn Sie eins als Stofftier der Klasse zeigen können. Ebenso werden sich die Farben wie von selbst einführen, wenn Sie ausreichend viele einfarbige Schals haben, die sich die Kinder um den Hals wickeln dürfen. Das anschließende Lied *Lucy's got a red scarf, red scarf, red scarf, Lucy's got a red scarf all day long* wird die Lexik und die Struktur *X has got Y* vertiefen. Natürlich dient dem gleichen Zweck ein blaues, rotes, grünes Band, das Sie als Schal einem Stofftier umbinden oder umbinden lassen, ein Vorgang, bei dem Sie die Auswahl der Farbe und des Stofftiers mit viel Sprache verbinden können. Ebenso müssen Sie beim *Storytelling* von *Winnie in Winter* die Begriffe *her warm coat, her big hat, her snow boots, her gloves, her scarf* nicht semantisieren, wenn Sie diese real aus Ihrem Korb holen und sich selber anziehen. Dann erübrigt sich auch die Verdeutlichung von *she put on ...*, erst recht, wenn zu einem späteren Zeitpunkt jeweils ein Kind die Rolle von Winnie übernimmt und alles nacheinander anzieht.

Genauso wichtig wie das Sehen und Erfühlen von Bedeutungen ist auch das „Erhören". Wenn in *Winnie in Winter* von einem *strange noise* gesprochen wird, das den Eisverkäufer in Winnies Garten ankündigt, so wird den Kindern die Bedeutungserschließung sehr viel leichter fallen, wenn sie gleichzeitig die akustische Unterstützung durch eine kleine helle Glocke bekommen.

Ungleich wirkungsvoller aber ist das Lernen, wenn nach der Bedeutungserschließung die Kinder selbst die Requisiten im Handlungskontext einsetzen können, d.h. die Klingel bedienen, die Fahrkarte verkaufen, dem Patienten mit der Taschenlampe in den Hals gucken, die Post zustellen oder die Bestellung im Restaurant an den Tisch bringen können.

Requisiten und Bilder als Motivation zum Sprachhandeln 99

Dies alles geschieht ja nicht stumm. Vielmehr ist die Notwendigkeit gegeben, die Fremdsprache im Handlungskontext anzuwenden: *Here's your orange-juice ... and your hamburger ... and a glass of coke for you, Kevin. Anything else?*

Handlungsrequisiten können auch abstrakter sein. Umrisse von Gegenständen oder Tieren werden mit großer Vorliebe und Konzentration durch ein Kind auf dem Overheadprojektor zugeordnet, ausgesondert oder ergänzt. Besonders beliebt ist dabei das Spiel *What's missing?*, bei dem ein Kind einen Gegenstand unter mehreren von der Projektionsfläche entfernt, wobei die Gruppe, bei vorgehaltener Pappe, den Vorgang nicht beobachten kann, dann aber raten muss, um welchen entfernten Gegenstand es sich handelt. Und letztlich kann ein einfacher Ball ein Handlungsrequisit sein, wenn für die Übungen von Strukturen (KLIPPEL 2000, S. 94) alle Kinder auf dem Boden im Kreis sitzen. Diejenige, die den Ball hat, rollt ihn mit einer Frage einem anderen Kind zu, das die Frage beantworten muss.

Als Anschauungsmaterial zur Wortschatzeinführung und -festigung werden Sie auch Bilder benutzen wollen. Im Idealfall können Sie sich vom Verlag eines Lehrwerks auf die *units* abgestimmte Haftbildelemente, *picture cards* zur Vermittlung des Wortschatzes oder *word cards* mit dem Schriftbild aller wichtigen Wörter leisten. In allen anderen Fällen werden Sie sich ein ganzes Inventar an Wortkarten in jeder Größe zulegen. Selbstgezeichnete, wenn Sie dazu begabt sind, aufgezogene Fotos, ausgeschnittene Reklame, vergrößerte Illustrationen aus Zeitschriften – mit Fantasie und Sammeleifer werden Sie Ihr Unterrichten unterstützen. Auf Pappe aufgeklebt und laminiert halten diese Karten mehr als einen Schülerjahrgang aus und erleichtern Ihnen die einsprachige Einführung neuer Vokabeln.

Dazu noch dieser Tipp: Unter der Adresse www.britishcouncil.org/kids-flashcards.htm finden sich tatsächlich an die 150 Wortkarten zu vielen Themen als pdf-Dokumente, farbig gestaltet und jeweils mit dem englischen Wort für weitere Übungen. Das sieht zum Thema Berufe etwa so aus:

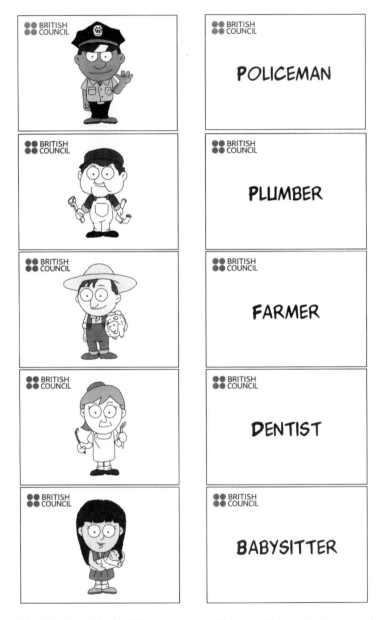

Abb. 11: Beispiele für Wortkarten zum Thema „Jobs", wie sie unter der angegebenen Adresse im Internet zu finden sind (http://www.britishcouncil.org/kids-flashcards-jobs-3.pdf)

Partnerarbeit, Gruppenprojekte, Stationenlernen

Als Grundschullehrkraft sind Sie mit diesen Arbeitsformen und deren Abwechslung zum Frontalunterricht gut vertraut. Auch im Englischunterricht werden diese Sozialformen eingesetzt, weil damit Selbstständigkeit geübt wird, vorher erarbeitete Inhalte gefestigt werden und schließlich Sie selbst etwas Freiraum für individuelle Hilfe und für das Beobachten haben.

Bei der knapp bemessenen Unterrichtszeit können Sie mit Partnerarbeit, in der sich zwei Kinder über etwas verständigen, die Sprechzeit der Kinder in der Fremdsprache erhöhen. Das klappt nur, wenn die Redemittel dafür vorher im Klassenverband geübt worden sind. Damit sollte nicht ausgeschlossen sein, dass Sie während der Partnerarbeit bei Bedarf mit Wortvorschlägen und Aussprache helfen und entsprechende Redemittel vorflüstern. Beliebt sind sogenannte *information-gap activities*, bei denen beide Partner die Unterschiede in zwei ähnlichen Bildern *(How many cars are there in your picture?)* herausfinden müssen oder kleine gegenseitige Interviews mit einem Fragebogen als Hilfsmittel durchführen. Wenn die Kinder anschließend ihre Arbeitsergebnisse vergleichen, bekommen sie eine Vorstellung von der eigenen Leistung und lernen diese einzuschätzen.

Auch Englischlernende fühlen sich in der Gruppe stärker – ein Argument, das schon beim Verfahren der „Echomethode" zur Sprache kam. Um Redewendungen zu festigen, können Sie z.B. die Brettspiele, für die Ihnen Lehrwerke oder Zeitschriften Vorlagen geben, in Kleingruppen spielen und dabei viel Sprache „umwälzen". *Let's form groups of three. Whose turn is it? It's your turn/my turn/Mary's turn.* Mischen Sie lernstärkere und lernschwächere Kinder in einer Gruppe und fördern sie auf diese Weise das soziale Lernen.

Der Stuhlkreis ist für das *Storytelling* eine wichtige Voraussetzung, denn er schafft Intimität und Konzentration, entweder allein auf Sie und Ihr Erzählen oder auf das *storybook*, das Sie erzählend zeigen. Selbst die Voraussetzung für den Stuhlkreis können Sie auf Englisch und mit Ruhe schaffen: *Table number one, please take your chairs and come to the front;* alle weiteren Kinder von den nächsten Tischen folgen, *one by one*, ohne Holterdiepolter.

Eine von den Kindern gern genutzte und zugleich effektive Übungsform in der Gruppe ist das sogenannte „Kugellager", das sich besonders zum Üben und Festigen des Wortschatzes eignet. Dabei stehen sich die Kinder in einem Innen- und einem Außenkreis paarweise gegenüber und lassen ihre Partnerin bzw. ihren Partner jeweils das Wort nennen, das sie ihnen in Form einer Bildkarte entgegenhalten. Im besten Fall korrigieren die Kinder gegenseitig ihre Aussprache. Durch das Weiterdrehen des Innenkreises im „Kugellager" entstehen immer neue Schülerpaare, sodass die Kinder intensiv und in eigener Regie üben und sich dabei zugleich bewegen können. Nach dem Durchgang mit Bildkarten, die Sie aus Ihrem Fundus genommen haben, kann dasselbe Prinzip auch mit beschrifteten Wortkarten, also den Rückseiten Ihrer Bildkarten, eine Kugellager-Übung bilden. Da kommt es dann noch mehr auf eine gute Aussprache an, die vom Partner akzeptiert werden muss.

Kleine Gruppenprojekte wie eine Aufführung auf der Basis eines *storybooks* stärken besonders die Gruppenzugehörigkeit und ermöglichen intensiv soziales Lernen. Was aber tun, wenn das *storybook* nur zwei Hauptrollen, z.B. *Winnie* und *Wilbur* in *Winnie the Witch* (PAUL/THOMAS 1987), hat und nur drei kleine Nebenrollen (die Vögel, die Wilbur auslachen), in der Klasse aber 29 Kinder sind? Eine findige Lehrerin berichtete, sie habe die Geschichte kurzerhand umgeschrieben, um so viele Sprechrollen wie möglich zu schaffen. Für einige schüchterne Kinder, die auf keinen Fall allein etwas sagen wollten, schrieb sie einen Rap. Für den Fall, dass es Ihnen nicht besonders liegt, „mal eben" ein Rollenspiel zu schreiben, finden Sie kleine Sketche bei LURTZ (2006), kleine Theaterstücke bei TOASE/WEINREICH (2004) oder BLAND (2004) und *The Musicians of Bremen* in der Fassung von BLAND (2007).

Was immer Sie mit den Kindern aufführen, eins ist sicher: Die Kompetenz im Englischen wird schon durch das mehrfache Üben der kleinen Szenen geschult und das Selbstvertrauen in das englische Sprachvermögen wird nachhaltig gestärkt. Zudem können Sie auf diese Weise Ihrem Schulumfeld – Eltern, Kollegium, anderen Klassen – die kleinen Erfolge des noch ungewohnten und neuen Faches vorstellen.

Für das Üben und Festigen vorher erarbeiteter Inhalte sowie für die Förderung von Selbstständigkeit hat auch die englische Fachdidaktik das Lernen an Stationen als eine moderne Form von Freiarbeit übernommen. Nun gehört aber dazu, dass Arbeitsaufträge und Anweisungen von den Kindern selbstständig erlesen werden können. Mit dem Schriftbild und dem Inhalt der Anweisung in der Fremdsprache müssen die Kinder ausreichend vertraut sein, um diese zu verstehen. So erklärt sich, dass alle Vorschläge für Stationen im Englischunterricht erst von dem zweiten Lernjahr Englisch an vorgesehen sind. Für die nur fremdsprachliche, schriftliche Formulierung von Arbeitsaufträgen muss zudem sichergestellt sein, dass bei Ihren Schülerinnen und Schülern die Aussprache dieser Kurztexte gefestigt ist.

Partnerarbeit, Gruppenprojekte, Stationenlernen 103

Abb. 12: Die Methode „Kugellager" in der Praxis, Foto von Carsten Simonis

In diesen Publikationen finden Sie Anregungen für die Arbeit an Stationen für das zweite bis vierte Schuljahr: zwei Hefte der Autorin PETILLIOT-BECKER (2000 und 2002) und zwei Fremdsprachen-Sonderhefte der Zeitschrift „Grundschulunterricht" (KARBE/KUTY 2004 und 2006). Auch den Laufzettel müssen die Kinder verstehen können, auf dem sie selbstverantwortlich protokollieren, welche Station zu einem Thema sie zusammen mit wem bearbeitet haben. Die Reihenfolge der gewählten Stationen ist dabei den Kindern überlassen. Sie können auch eintragen, wie sie den Schwierigkeitsgrad beurteilen und wie ihnen die Station gefiel. Ein solcher Laufzettel zum Thema „Wetter" ist auf der folgenden Seite abgebildet.

LAUFZETTEL

Topic: _____

Name: _____

I have done station	together with	too easy	OK	too difficult	😊	😐	😞
1 pictures with differences							
2 matching exercise							
3 weather forecast							
4 spelling exercises							
5 matching exercise							
6 card game							
7 guessing game							
8 happy families							

I liked number ⭐ best of all.

Abb. 13: Laufzettel aus: *Grundschulunterricht* 4/2004, Sonderheft Fremdsprachen, S. 7

Computernutzung und Internetgebrauch

„Japaner lernen mit der ‚Daddelkiste'", berichtet der SchulSPIEGEL (Ausgabe vom 6.10.2007) und meint damit Spielekonsolen, die nur etwas mehr als 100 Euro kosten. In Schulversuchen paukten Kinder englische Vokabeln auf den Mini-Computern, jeden Morgen zehn Minuten lang. Der Vorteil dabei sei, dass die Schüler ein englisches Wort gleichzeitig sehen, hören und es schreiben könnten.

Auch bei uns wird ständig das Internet-Nutzungsverhalten und die Computerausstattung der Kinder und Jugendlichen untersucht. Demnach haben etwa 80 Prozent der deutschen Sechs- bis Achtjährigen zu Hause Zugriff auf einen PC. Zwei Drittel der befragten Kinder nutzen den PC für Computerspiele und 46 Prozent für Hausaufgaben (netzeitung vom 13.9.2006). Je nach Untersuchung variieren diese Zahlen. Eins aber ist sicher: Sie nehmen in jedem Jahr zu.

Computer literacy, also den Umgang mit dem Computer so beherrschen können wie Lesen und Schreiben wird heutzutage als weitere Kulturtechnik gesehen. Kinder im Grundschulalter sind mit großer Selbstverständlichkeit mit dem Computer vertraut und wenden hohe Konzentration und Ausdauer auf, um multimediale Programme zu installieren und ihnen in der Struktur zu folgen. Eine solche Struktur ist nicht, wie andere Lernmedien, linear gestaltet, sondern sie verzweigt sich und fordert dabei die Lernenden durch interaktive Möglichkeiten. Selbsttätigkeit und individualisiertes Arbeiten, Informationsbeschaffung, Veranschaulichung und exemplarisches Lernen können in der Arbeit mit dem Computer als didaktische Prinzipien umgesetzt werden. Soziales Lernen sowie Kooperationsfähigkeit werden gefördert, weil in einer Grundschulklasse üblicherweise nur ein Computer zur Verfügung steht. Er sollte sich in einer separaten Computerecke befinden und der Freiarbeit, der Partnerarbeit, der Entspannung oder der Binnendifferenzierung dienen.

Am Computer können dann jeweils zwei Kinder gemeinsam arbeiten, auch multimedial, wenn man sie mit Kopfhörern ausstattet, sodass der Ton die übrigen Lernenden nicht stört. Bei allen Aktivitäten am Rechner sollten Sie als Lehrkraft darauf achten, dass insbesondere Kindern ohne heimischen Computer, deren Partner ihnen die Computerbedienung erklären, Erfolgserlebnisse zuteil werden.

Wo findet sich fachspezifisch „der didaktische Ort" des Computers im Englischunterricht? Bei den bescheidenen Anfängen des Lesens und Schreibens können die Kinder zunächst die Beschilderungen für die Gegenstände im Klassenzimmer mit großer und fetter Schrift schreiben und im Querformat ausdrucken. Dabei lernen sie die Vorzüge der leichten Korrektur und der unterschiedlichen Schriftgestaltung kennen. Bei fortschreitender Übung könnten auch kurze Reime oder Liedverse auf diese Weise produziert werden. Außerdem ist, wenn der Rechner über einen Internetanschluss verfügt, ein sprachlich noch sehr eingegrenzter E-Mail-Austausch mit einer englischsprachigen Grundschule möglich (vgl. HEYDEN/ LORENZ 2003). Auch können Ihre Lernenden (sprachlich nicht anspruchsvolle) Glückwunschkarten erstellen und verschicken, für die es zahlreiche kostenlose Serviceadressen gibt.

Alle größeren Schulbuchverlage liefern inzwischen zu den Lehrwerken Software, die einerseits auf die Inhalte abgestimmt ist und andererseits computerspezifische Übungsformen anbietet, die die Kinder auf doppelte Weise anspricht: Die Inhalte werden in interaktiver Form geübt und die *computer literacy* der Kinder wird gefordert und geschult. Glauben Sie nicht, dass Sie irgendetwas Technisches erklären müssten; immer gibt es Kinder in der Gruppe, die Ihnen im Zweifelsfall in dieser Hinsicht hilfreich überlegen sind. Folgende Beispiele von Übungsformen, die durch Sprachaufnahmen, Lieder und Malaufgaben abgerundet werden, geben Ihnen einen Eindruck von den Möglichkeiten:

- *Drag & Drop:* den Grundwortschatz aufbauen und festigen
- *Listen & Act:* mit Geschichten zum Mitmachen das Hörverstehen schulen (*TPR*-Prinzip)
- *Quick Click:* das Hörverstehen trainieren
- *Spell the word:* spielerisch mit dem Schriftbild umgehen
- *Gap text:* Lesen und Schreiben üben
- *Find the word:* mit Wortspielen den Wortschatz vertiefen
- *Matching:* Kommunikationsübung

Daneben gibt es, je nach Verlag, Ergebnisseiten zum Ausdrucken, deutschsprachige Hilfen, ein vertontes Bild-Wörterbuch mit Fotos, Wort-Bildkarten zum Ausdrucken als Memory, Postkarten und Steckbriefe zum Ausdrucken sowie eine interaktive Uhr. Sogar Karaoke-Übungen mit Aufnahmemöglichkeit sind inzwischen Bestandteil neuerer Software. Eine einfache und kindgerechte Benutzerführung sorgt dafür, dass die Schülerinnen und Schüler selbstständig mit der Software in der Computerecke arbeiten und – welche Chance für das Selbstgefühl der Kinder! – Ihnen im Zweifelsfall erklären können, wie das Programm funktioniert.

Portfolioarbeit als Weg der Selbsteinschätzung

In Kapitel 3 wurde im Zusammenhang mit dem „Gemeinsamen europäischen Referenzrahmen" (GER) schon über das „Europäische Sprachenportfolio" (*Council of Europe* 1997) berichtet, das vom Europarat mit drei Teilen herausgegeben wurde: dem Sprachenpass, einer Sprachbiografie und dem Dossier. Dieses Portfolio ist sprachunabhängig entworfen worden und für fortgeschrittene Lerner in Abstimmung mit dem GER gedacht. So wie die Lehrpläne einiger Bundesländer (Mecklenburg-Vorpommern, Niedersachsen, Nordrhein-Westfalen, Sachsen-Anhalt und Schleswig-Holstein) in der Bestimmung von Kompetenzbereichen die Niveaustufe A1 des GER anstreben, so diente das ESP als Vorlage für die Entwicklung länderspezifischer Sprachenportfolios für die Grundschule, wie sie inzwischen in Brandenburg, Hessen, Mecklenburg-Vorpommern, Niedersachsen und Thüringen vorliegen.

Inzwischen wurde auch das „Europäische Portfolio der Sprachen" in zwei Teilen veröffentlicht (Bund-Länder-Kommission 2007). Der erste Teil heißt „Grundportfolio" und ist für das 3./4. Schuljahr gedacht; der zweite anschließende Teil heißt „Aufbauportfolio" und ist bis zum 9./10. Schuljahr konzipiert.

So gewinnt das Portfolio eine immer gewichtigere Rolle; kritische Stimmen sind jedoch auch zu hören. Weil es auf den Portfolio-Seiten um Gelerntes und den Leistungsstand geht („Ich verstehe, wenn meine Lehrerin sagt ..."), wird das Portfolio gelegentlich als Instrument der Leistungsüberprüfung oder gar Leistungsmessung eingesetzt und von den Lehrkräften entsprechend ausgewertet. Das aber widerspricht der Intention. Das Portfolio ist Besitz des Kindes und soll diesem seinen Lernstand, vor allen Dingen aber seinen Lernfortschritt verdeutlichen, dies insbesondere, wenn es seine Eintragungen über das Schuljahr hinweg verfolgt und so sein Lerngewinn deutlich wird.

Diese Eigenschaft haben alle Portfolios gemeinsam: Kinder an selbstständiges Erkennen und Überprüfen der eigenen, individuellen Fortschritte heranzuführen. Je früher dies geschieht, desto mehr Sicherheit gewinnen die Kinder im Umgang damit. Erwarten Sie jedoch nicht, dass die Kinder sich sofort auf diese Art der Selbstbeurteilung stürzen. In der Lernkultur unserer Schule ist solch ein Ansatz noch sehr ungewohnt. Kinder reagieren häufig verblüfft und zunächst mit Unverständnis gegenüber der Aufforderung, sich selbst zu beurteilen. Einen sanften Einstieg schafft ein Unterrichtsgespräch mit dem Ziel, die geleistete Arbeit einer Unterrichtsstunde transparent werden zu lassen und individuell differenziert zu betrachten. Danach können Sie im Vorfeld der Einführung eines Portfolios informell Ihre Kinder mit dem Prinzip der Selbsteinschätzung bekannt machen. Eine Anregung dazu bietet Ihnen das Blatt auf S. 110, das Sie je nach Belieben ergänzen oder verändern und ein- bis zweimal im Monat einsetzen können.

Wenn Ihre Schülerinnen und Schüler an diese Art von Selbstreflexion gewöhnt sind, können Sie die konkrete Arbeit mit dem Portfolio einführen, z.B. mit einem lehrwerkunabhängigen Portfolio wie dem Vorreiter der Entwicklung aus Hessen „Mein Sprachenportfolio" (Legutke/Lortz 2002). Dies enthält wie das ESP drei Teile: den Sprachenpass, die Sprachenbiografie und die Schatztruhe. Der Sprachenpass kann zu Beginn der Klasse 3 eingesetzt werden. Darin beschreiben die Kinder, welche Sprachen sie sprechen können, welche sie lernen und welche sie schon einmal gehört haben. Drese berichtet aus einer vierten Klasse ein besonders schönes Beispiel für diesen Teil des Portfolios: „Die Aufgabe der Schüler war es, ihre Sprachen in den Umriss eines Körpers zu malen und für jede Sprache eine andere Farbe zu wählen. Durch die Farbe und die Zuordnung im Körper wird deutlich, welche Bedeutungen die einzelnen Sprachen für die Kinder haben und welche Gefühle mit ihnen verbunden sind" (2006, S. 29). Ein Junge mit deutscher Mutter und nigerianischem Vater kommentiert:

> „Im Kopf und in den Händen habe ich Deutsch. Es ist bunt, weil es mir sehr gut gefällt. Am Bauch habe ich Italienisch. Es ist blau, weil ich es gerne esse (Pizza, Spaghetti). In den Beinen habe ich Spanisch und Englisch, denn wenn ich die beiden Sprachen höre, denke ich an Fußball. In den Armen habe ich Kisuaheli, weil ich es nicht sprechen kann" (Drese 2006, S. 29).

In der Sprachenbiografie, dem zweiten Teil des Portfolios, schätzen die Kinder ihr Sprachenkönnen und -wissen selbst ein und dokumentieren ihre Fortschritte. Dieser Teil wird am Ende von Klasse 3 und am Ende von Klasse 4 eingesetzt. In der folgenden Teilabbildung wird deutlich, dass die Kinder sowohl in vertikaler Richtung durch Ausmalen in entsprechenden Farben (für „Das kann ich gut – Das kann ich noch nicht – Das kann ich normalerweise – Das fällt mir noch schwer") sehen, wie viel sie schon können (und was sie noch nicht können), wie sie auch in horizontaler Richtung sehen, welche Fortschritte sie innerhalb eines Jahres erzielten. „Damit", so Drese, „wird der Schritt von der auf Defizite orientierten Pädagogik hin zu einer positiven, auf Können ausgerichteten Sichtweise vollzogen" (Drese 2006, S. 29).

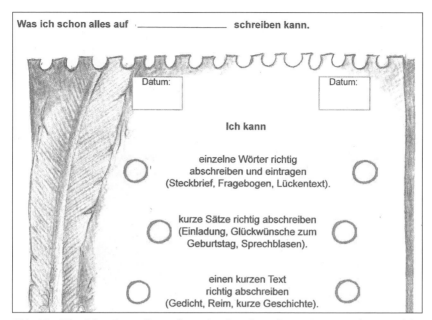

Abb. 14: „Was ich schon alles auf ... schreiben kann" aus: Europäisches Portfolio der Sprachen, Grundportfolio, S. 36 (hier Ausschnitt), © Berlin, Bremen, Hessen, Nordrhein-Westfalen 2007

In der „Schatztruhe" sammeln die Kinder die Produkte in englischer Sprache, die sie im Laufe der zwei Lernjahre erstellt haben: Briefe, Ausdrucke von E-Mail-Korrespondenz, gelernte und verziert aufgeschriebene Reime oder Lieder, besondere Arbeitsblätter oder gebastelte und beschriftete *pocket books*. – Die Autorin DRESE weist noch auf die besondere Bedeutung des Feedbacks durch die Lehrkraft für die Selbsteinschätzung der Kinder hin, weil einige Kinder dazu neigen, sich generell zu gut einzuschätzen, und andere – dies seien besonders die leistungsstarken Schülerinnen und Schüler – sich generell als zu leistungsschwach beurteilen. Allerdings darf es sich bei diesem Feedback nicht um Korrekturen im üblichen Sinne handeln, also auch nicht um Eintragungen durch die Lehrkraft im Portfolio. Für solche notwendigen Anmerkungen hat die Autorin einen Tipp: Kleine Klebezettel, die die Kinder wieder entfernen können, hätten sich als sehr hilfreich erwiesen.

Auf einen wichtigen Aspekt der Portfolioarbeit weist KOLB (2006, S. 34–41) hin. Sie untersuchte die Reflexion des eigenen Lernens bei

So beurteile ich _____, Klasse _____,

meine Arbeit im Englischunterricht am _____

	Very good ☺	OK 😐	Not so good ☹
1. Heute habe ich mich angestrengt:			
2. Ich habe ordentlich gearbeitet:			
3. Ich habe schnell gearbeitet:			
4. Die Arbeit ist mir leicht gefallen:			
5. Ich habe zugehört:			
6. Das konnte ich heute auf Englisch sagen:			
7. Ich habe verstanden, was ich tun sollte:			
8. Ich habe genau das getan, was ich tun sollte:			

Das habe ich heute gelernt:

Das war interessant:

Das fand ich nicht so gut:

Das wollte ich noch sagen:

Abb. 15: Einübung der Selbsteinschätzung

Grundschulkindern im Rahmen von Portfolioarbeit. Wieder stellte sich heraus, wie schon im Unterkapitel „Semantisierung durch Mimik, Gestik, Körpersprache" aufgeführt, dass Kinder in diesem Alter sehr wohl in der Lage sind, individuelle Lernstrategien bewusst einzusetzen und auch zu verbalisieren. So formuliert die Schülerin Jennifer ihre Semantisierungsstrategie fast wortgleich *("we hear with our eyes")* mit der in jenem Unterkapitel zitierten Schülerin:

> „Denn manchmal hilft das vielleicht, wenn man etwas nicht besonders so versteht, dann kann man gucken, welche Bewegungen der macht, und dann macht man sich die selber nach und dann kann man das irgendwie merken, was das ist" (KOLB 2006, S. 39).

Als Konsequenz für den Unterricht fordert KOLB, dass nicht allein die Selbsteinschätzung Inhalt der Portfolioarbeit sein sollte, sondern die Lernerstrategien bewusst aufgenommen, mit den Kindern besprochen, gefördert und genutzt werden sollten. Zu weiteren Erfahrungen mit dem Portfolio liegt mit KOLB 2007 eine empirisch fundierte Arbeit vor.

Neben einem lehrwerkunabhängigen Portfolio können Sie die Selbsteinschätzung der Lernprozesse und Lernerfolge der Kinder auch durch integrierte Portfolio-Anteile in lehrwerkabhängigen Veröffentlichungen zur Leistungsermittlung schulen.

Formen der Lernstandsermittlung

In Kapitel 1 wurde beim Überblick zur Situation des Englischunterrichts in den Grundschulen der Bundesländer aufgeführt, dass sich von den sechzehn Bundesländern nur Bayern, Mecklenburg-Vorpommern, das Saarland (im Fach Französisch) und Thüringen gegen eine Benotung im Fach Englisch entschieden haben und stattdessen einen verbalen Kommentar im Zeugnis vorsehen. Alle anderen Bundesländer benoten teils nur in Klasse 4 (Berlin, Niedersachsen, Freistaat Sachsen, Sachsen-Anhalt) oder aber in beiden Klassen mit Ziffernzensuren. Dies setzt voraus, dass eine Form der Lernstandsermittlung, Leistungsfeststellung, Leistungsbewertung oder Leistungsmessung stattfindet, so wie in anderen Grundschulfächern auch, und damit eine begründete Aussage gegenüber den Lernenden, den Elternhäusern und den weiterführenden Schulen gemacht werden kann.

Die unterschiedliche Terminologie in diesem Bereich spiegelt die intensive Form der Auseinandersetzung hierzu wider und im gleichen Maße die Entwicklung, die das Fach seit Beginn des Jahrhunderts genommen hat. Wurde in SCHMID-SCHÖNBEIN (2001, S.151) noch differenziert zwischen „Leistungsfeststellung" und „Leistungsbewertung" (Letztere schien dem damals vorwiegend spielerischen Charakter des Unterrichts nicht gemäß), so liegen gegen Ende des ersten Jahrzehnts die unterschiedlichsten erprobten Formen für eine Rückmeldung über den inzwischen ergebnisorientiert ausgerichteten Unterricht vor.

Einen klaren und systematischen Überblick zu den Möglichkeiten, mit denen man einen „Lernstand im Englischunterricht" (so der Titel) erfassen kann, geben MINDT/WAGNER 2007. Die Autoren beziehen sich auf drei unterschiedliche Verfahren: gezielte Aufgaben, Beobachtungsbögen und das Portfolio. Fünfundzwanzig verschiedene Aufgabenformen werden in teils kopierfähigen Vorlagen dargestellt und erläutert. Sie umfassen die klassischen vier Fertigkeiten (Hören und Verstehen, Sprechen, Lesen und Verstehen, Schreiben) und die „Bausteine der Sprache", die in MINDT/ SCHLÜTER 2007 dargestellt wurden. Jede Aufgabe, wie sie im Folgenden abgebildet ist, basiert auf einem für die Lehrkraft ausformulierten Lernziel und dessen Operationalisierung, d.h. der Beschreibung der Tätigkeit, mit der die Kinder zeigen, ob sie das Lernziel erreicht haben.

Zusätzlich sind jeder Aufgabe tabellarisch übersichtlich geordnet Angaben zu Einsatz und Bewertung beigegeben, die wiederum in eine Note eingehen können. Wie viel Punkte ergeben ein *fair*, also ein Befriedigend? Auch das findet sich jeweils am Ende einer der Aufgaben.

Für das Erfassen und die Bewertung des sprachlichen Ausdrucksvermögens und der sprachlichen Kreativität der Kinder sind solch eng vorstrukturierte, „gebundene" Aufgaben nicht geeignet. Dafür stellen die Autoren Beobachtungsbögen vor, mit denen kleine Gruppen innerhalb der Klasse oder einzelne Kinder durch ein vorgegebenes Raster beurteilt werden. Das Verfahren ist bei uns noch ungewohnt und verlangt viel Einarbeitungszeit, sowohl beim Erstellen der Bögen wie bei deren Einsatz, der nur in Phasen der Stillarbeit oder unter Mithilfe einer Kollegin möglich ist, die die Klasse inzwischen unterrichtet. Auch unterliegt bei der Beurteilung der gewählten Kriterien wie z.B. bei „Nimmt Ideen anderer auf und wandelt sie ab" (MINDT/WAGNER 2007, S.145) das Urteil einem subjektiven Maßstab. Die weitere Entwicklung und Erprobung von Beobachtungsbögen wird zeigen, in welchem Maße diese ein hilfreiches Instrument sind.

Auf die Unsicherheit der Lehrkräfte, denen der Erfahrungshintergrund zur Leistungsfeststellung in einem relativ neuen Fach noch fehlt, haben auch die Verlage teilweise reagiert und für ihre Lehrwerke darauf abge-

Formen der Lernstandsermittlung

64   *Aufgaben: Gezielte Verfahren*

Aufgabe 5
Hören und Verstehen   **Wortschatz, Grammatik**
What are their hobbies?   Please listen and tick. ✓

	yes ☺	no ☹	yes ☺	no ☹	yes ☺	no ☹	yes ☺	no ☹
Ben	✓		✓			✓	✓	
Jessica								
Anne								
Daniel								
David								
Mary								

Text (von der Lehrkraft zweimal gesprochen)

Ben plays tennis.
He doesn't play football and he doesn't watch TV.
But he reads books.

Jessica plays tennis.
She doesn't play football and she doesn't watch TV.
And she doesn't read books.

Anne reads books.
She doesn't play tennis and she doesn't watch TV.
But she plays football.

Daniel watches TV.
He doesn't play football.
But he reads books and he plays tennis.

David reads books.
He doesn't play tennis.
But he plays football and he watches TV.

Mary plays football.
She doesn't play tennis but she reads books.
And she watches TV.

Abb. 16: Beispiel für eine Aufgabe zum Hören und Verstehen, aus: DIETER MINDT/ GUDRUN WAGNER, Lernstand im Englischunterricht, Cornelsen Scriptor, Berlin 2007, S. 64

halten auf die Methoden und Inhalte des Unterrichts abgestimmte Aufgaben, teils in Form von Arbeits- und Testbögen für die Schülerinnen und Schüler, teils in Form von Beobachtungsbögen für die Lehrkraft, wie auch eine CD, auf der Arbeitsanweisungen für die Schülerinnen und Schüler zu hören sind.

Darüber hinaus sollen Portfolio-Anteile, wie im vorigen Unterkapitel beschrieben, die Kinder zur Selbsteinschätzung ihrer Kenntnisse und zum Reflektieren ihrer Sprachlernbiografie anleiten. Sie werden falsch verstanden, wenn sie zur Leistungsfeststellung eingesetzt werden. Das nachfolgende Beispiel aus GERNGROSS/PUCHTA et al. (2003, S.72) mit dem Untertitel des Heftes *Show what you know* setzt für die gesamte Arbeit im Fremdsprachenunterricht der Grundschule den richtigen Akzent.

Abb. 17: Beispiel für eine Selbsteinschätzung der Kinder, aus: GERNGROSS/PUCHTA et al. (2003): *Show what you know – Playway 3, Rainbow Edition*

Ein Unterrichtsbeispiel

Die nachfolgende Unterrichtseinheit nimmt einen Teil der Anregungen von Kapitel 4 auf und setzt sie in die Praxis mehrerer Unterrichtsstunden um. Die Vorschläge für die gesamte Abfolge wurden von zwei Kolleginnen und einem Kollegen in den Jahrgangsstufen 2, 3 und 4 mit unterschiedlichen Akzenten und Zielsetzungen erprobt. Ihr Feedback dazu war immens wichtig und ist in die Beschreibung der Unterrichtseinheit eingegangen.

In dem zugrunde liegenden Bilderbuch geht es um ein Affenkind, das im Urwald seine Mutter verloren hat und sie durch ein Missverständnis eines bemühten Schmetterlings erst nach etlichen Umwegen findet. Ausgehend von der eigenen Spezies glaubt der Schmetterling nämlich, Kinder, in seinem Fall Raupen, sähen immer ganz anders aus als ihre Mütter. Dadurch ist er bei der Suche wenig hilfreich und stiftet eher Verwirrung.

Das Buch ist großflächig und kontrastreich illustriert und somit in der Klasse beim *storytelling* einsetzbar. *Animals* sind in dieser Altergruppe ein großes Thema, das Problem, die Mutter verloren zu haben, ist für jedes Kind nachvollziehbar; die Struktur der Geschichte ist auf Wiederholungen aufgebaut und das *happy end* ist beglückend und gipfelt in dem Ausruf *Mum!* (Siehe dazu Abb. 18, S. 116)

Einstieg: *Warming-up*

Zu Beginn jeder Englischphase sollte den Kindern das „Umsteigen" in die englische Sprache erleichtert werden. Dies geschieht durch eine schnelle Folge von sprachlich schon gemeisterten Themen für Frage-Antwort-Übungen wie

- *Who is missing today?*
- *Can you count the girls for me?*
- *And how many boys have we got today?*
- *Who of you has got a brother? A sister? A baby sister? How old is she?*
- *Who has got a pet at home? What's its name?*
- *How do you get to school?*

Die flüssige Abfolge dieser Fragen und der Antworten darauf gibt den Kindern Sicherheit in der Fremdsprache und stimmt sie auf die Englischstunde ein.

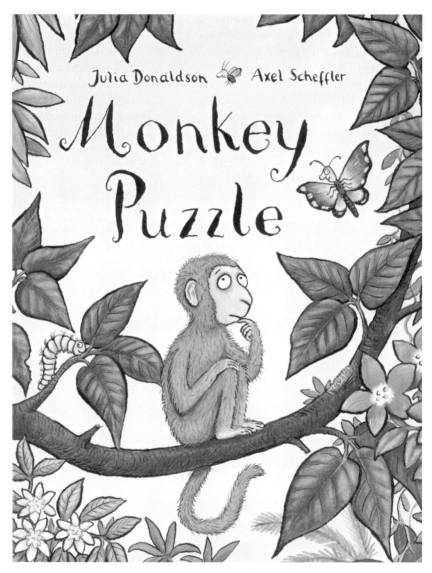

Abb. 18: Titelbild des Bilderbuchs *Monkey Puzzle* von Julia Donaldson und Axel Scheffler, Macmillan Children's Books 2000

Wortschatzeinführung

In der Reihenfolge des Erscheinens in der Story ist der nachfolgend aufgeführte Wortschatz wichtig, von dem je nach Jahrgangsstufe einiges oder viel für Ihre Kinder neu ist. In Klasse 2 können Sie die Geschichte, die Sie demnächst erzählen werden, geheimnisvoll ankündigen: Sie führen pro Unterrichtseinheit zunächst nur vier Begriffe ein und heften sie an die Tafel. Diese Begriffe aus der neuen Geschichte lernen die Kinder schon mal kennen. In Klasse 4 werden es insgesamt nur noch vier oder fünf neue Begriffe unter den folgenden sein.

monkey, butterfly, elephant, thick baggy knees, tail, legs, snake, nest of eggs, spider, fly, parrot, claws, feathery wings, frog, bat

Es empfiehlt sich, den Wortschatz mit Karten einzuführen (oder in Erinnerung zu bringen), die Sie aus schon vorhandenem Material, aus ausgeschnittenen Reklamezeichnungen und/oder aus vergrößerten Illustrationen des Buches zusammenstellen, und zwar schwarz-weiß, möglichst groß und gleich doppelt, weil sie in einer nachfolgenden Übung wieder gebraucht werden.

Sie könnten sagen und dabei die Karte hochhalten:
Look, it's a monkey. Leiser: *a monkey.* Wieder lauter: *a monkey. Now all of you: a monkey. Now only the girls. ... Now only the boys. ... Now everybody. ... Karen, will you put the monkey on the board for me, please?* (Mit Heftgummi befestigen)

Wenn alle neuen Vokabeln an der Tafel hängen, können einzelne Kinder in einer weiteren rezeptiven, aber bewegungsaktiven Phase gebeten werden, Begriffe auf den Karten zu zeigen: *Who can show me the elephant? Who can show me the frog?*
   Produktiv werden die Kinder den Wortschatz gebrauchen, wenn Sie die Übung *What's missing* anschließen. Voraussetzung dafür ist die Aufforderung *Close your eyes* oder *Put your head on your arms*. Sie nehmen eine Karte fort und fragen: *What's missing?* Jetzt muss der Wortschatz aktiv gebraucht werden: *The bat is missing.* Bei einer späteren Wiederholung kann ein Kind Ihre Rolle übernehmen.

Wortschatzübung und -festigung: das „Kugellager"
Jetzt werden die Karten wieder gebraucht, die doppelt vorhanden sind, insgesamt also maximal 30, d.h., immer zwei Kinder haben die gleiche Karte und werden zu „Experten" für die darauf befindliche Vokabel. Diese beiden Kinder müssen diese Vokabel wirklich sehr gut aussprechen können – das haben Sie mit ihnen in einer Stillarbeitsphase geprobt und gesichert.

Im sogenannten „Kugellager" stellen sich nun die Kinder in einem Innen- und einem Außenkreis paarweise gegenüber und lassen ihre Partnerin bzw. ihren Partner jeweils die Vokabel nennen, die sie ihnen in Form einer Bildkarte entgegenhalten (siehe Foto auf Seite 103). Dabei können sie gegenseitig ihre Aussprache korrigieren, weil immer ein „Experte" für das von ihr oder ihm hochgehaltene Bild zuständig ist. *What's this?* fragt das eine Kind; *It's a fly* antwortet das Gegenüber. Dann geht es umgekehrt, wobei Sie bei den Pluralformen helfen müssen. – Entweder der Innen- oder der Außenkreis dreht sich nun weiter. So entstehen immer neue Schülerpaare im „Kugellager" und die Kinder üben intensiv und in eigener Regie (MARSCHOLLEK 2004). – Bei einer ungeraden Zahl von Schülerinnen oder Schülern in der Klasse spielen Sie selbst mit. Außerdem hat die Erprobung gezeigt, dass vorher klare Regeln abgesprochen werden müssen, z.B. „Wir sprechen nur das, was wir sprechen sollen, damit schnell wieder Ruhe einkehrt und der Lehrer das Kommando *Move on, please* geben kann."

Vertiefung und Anwendung: *Storytelling* **mit** *picture book*
Zunächst sprechen Sie besser von einer *Monkey Story* als von einem *Monkey Puzzle*, weil der Begriff *puzzle* hier übertragen gebraucht ist und die Kinder verwirren könnte. Sodann haben Sie zwei Optionen: Entweder erzählen Sie die Geschichte zu den Bilderbuchseiten frei. Das hat den Vorteil, dass Sie den Schwierigkeitsgrad Ihrer Erzählung genau auf die Vorkenntnisse Ihrer Klasse abstimmen können. Dabei können Sie auch Zwischenfragen stellen wie *What colour is the spider?* oder *Which animal is this?* oder *Where's little monkey sitting?* oder *Can you show me the snake?* Auch beim freien Erzählen, so berichtet eine Kollegin, hätten ihre Kinder aus der Jahrgangsstufe 2 (Beginn Klasse 1) die Zeile *No, no, no, that's a ...* vom zweiten Mal an bei jedem Auftauchen eines weiteren, aber falschen Tieres mitgesprochen. Wenn Sie sich lieber an den Buchtext halten, dann überkleben Sie für sich selber die schwierigeren Textteile wie *(My mum) isn't a great grey hunk. She doesn't have tusks or a curly trunk* und springen von der ersten gleich in die dritte Zeile:

My mum doesn't have great thick baggy knees. (Im Buch zeigen.)
And anyway, her tail coils around trees. (Im Buch zeigen.)

Unter Einsatz von Körpersprache und viel Mimik, Gestik und Stimmvariation, besonders wenn Sie die unterschiedlichen Rollen des so bemühten Schmetterlings und des verzweifelten kleinen Affen sprechen, sowie unter Beteiligung der Kinder bei *No, no, no, that's an elephant/a snake/a spider/a parrot/a frog/a bat* wird die Geschichte ihr glückliches Ende finden. (Wenn Sie meinen, dass es notwendig ist, können Sie in einer anderen Stunde noch auf Deutsch mit den Kindern diskutieren, wodurch in dieser Geschichte überhaupt das Problem entstand.)

Stillarbeitsphase
Nach einer kognitiv wie emotional so intensiven Phase tut Ruhe gut. Jetzt können Sie die Wortkarten verteilen, möglichst an jeweils andere Kinder als die, welche zuvor „Experten" für den Begriff waren. Die Kinder malen in dieser Phase die Karten farbig an und ergänzen sie durch Elemente aus dem Urwald. Sie selbst können dabei durch die Klase gehen und im Einzelgespräch noch nicht sichere Aussprachen verbessern.

Bewegung und Auflockerung durch „Echomethode"
Die „Echomethode" und ihre Bedeutung für die Ausspracheschulung sind in Kapitel 4 auf den Seiten 74–76 ausführlich besprochen worden. Thematisch an das Thema *Little monkey* anknüpfend können Sie zur Auflockerung und als Bewegungsspiel den folgenden kleinen Reim mit der „Echomethode" einsetzen:

Five little monkeys jumping on the bed.
One fell off and bumped his head.
Mum called the doctor and the doctor said:
"No more monkeys jumping on the bed".

Dabei werden Sie den Vers zunächst mit viel Gestik – *bumped his head* – quasi „erzählen" und bei der letzten Zeile die typische Bewegung mit dem drohenden Zeigefinger einsetzen. Entweder nehmen Sie dann eine Teilgruppe der Klasse in eine Ecke mit oder Sie teilen die Kinder auf die vier Ecken des Klassenraums für das „Echo" [ˈekəʊ] auf. Letzteres ist sicher nur zu empfehlen, wenn Ihre Klasse diszipliniert solchen Unterrichtsaktivitäten folgt. Die Kinder geben nun das von Ihnen Gerufene als Echo zurück, erst in kleinen Sinnzusammenhängen – *on the bed* –, dann erweitert –

jumping on the bed – und schließlich in ganzen Zeilen. Das Ungewohnte der Gruppenanordnung und das Gefühl, ein lautes Echo sein zu dürfen, lösen Energien auch bei schüchternen Kindern, schulen die Aussprache und erleichtern durch den Rhythmus das Behalten eines ganzen Reims.

Der Kindervers *Five little monkeys jumping on the bed* gehört zum traditionellen amerikanischen Kulturgut. In einer Veröffentlichung hat die Autorin Eileen Christelow (1989) den Abzählvers, wie sie selbst sagt, *retold and illustrated*. Auf ihrer sehr ansprechenden Website (www.christelow.com) sagt die Autorin zur Handlung: „*Five little monkeys get ready for bed and say goodnight to Mama. As soon as they think she is gone, what do those monkeys do? They jump on the bed! Trouble lies ahead, though. One after another, the five little monkeys fall off and get hurt. Each time, Mama calls the doctor and each time, what does the doctor say? You guessed it! ... ‚No more monkeys jumping on the bed!' How does Mama end this long and crazy night?*"

Falls Sie das Buch selbst interessiert: Bei einem Internet-Händler bekommen Sie es zum günstigen Preis, in strapazierfähiger Plastiktasche und mit Hörkassette.

5 Zur Weiterführung in Klasse 5

Erwartungen der Kinder

Wenn Kinder in der Primarstufe zwei oder gar vier Jahre Englisch gelernt haben, können sie ihr Wissen in dieser Fremdsprache meist gut selbst einschätzen. Dabei hilft ihnen die kontinuierliche Arbeit mit dem Portfolio. Ebenso haben die Kinder Vorstellungen und Erwartungen gegenüber dem weiterführenden Fremdsprachenunterricht entwickelt. Es ist daher eine Art von „Selbstevaluation" des Frühbeginns, wenn Schülerinnen und Schüler am Ende ihrer Grundschulzeit hierzu befragt werden.

Zu den Ergebnissen solcher Befragungen aus der Anfangszeit des Frühbeginns in den Jahren 1976 bis 1978 in den Bundesländern Nordrhein-Westfalen und Hessen sowie im Raum Stuttgart berichtet detailliert SAUER (2000b, S. 17–27). Damals gaben fast 6000 Kinder Auskunft über ihre Wünsche und Erwartungen, aber auch über ihre Schwierigkeiten beim Englischlernen. Zwei Details seien herausgegriffen: Die in Kapitel 3 schon erwähnte Ängstlichkeit mancher Kinder, Englisch zu sprechen (in den frühen Erhebungen zwischen sechs und acht Prozent), nahm in dieser Untersuchung vom dritten zum vierten Schuljahr hin ab, ein erfreulicher Nebeneffekt des motivierenden Englischunterrichts. Hinzu kam eine optimistische Erwartungshaltung („Ich möchte auch in den nächsten Schuljahren weiter Englisch lernen") bei über neunzig Prozent der Kinder. Fast dreißig Jahre später beantworteten 137 Kinder an bayerischen Grundschulen die Frage „Macht dir Englisch Spaß?" zu 98 Prozent positiv und, wichtiger noch, 86 Prozent der Kinder bejahten die Frage, ob sie später noch andere Sprachen lernen möchten. Auch wollten 95 Prozent der Kinder „mehr Englisch lernen". Die Autorin dieser Studie, ISABEL VOLLMUTH (2005, S. 37), konnte feststellen, dass es offenbar gut gelingt, in den Kindern eine positive Erwartungshaltung für das weitere Fremdsprachenlernen aufzubauen.

Allerdings merkt die Autorin auch an, dass die Ausbildung der produktiven Sprachkompetenz der Kinder nicht den Erwartungen entspricht.

Eine genaue Vorstellung hatten 94 Kinder der Europaschule Erfurt, die seit dem ersten Schuljahr Englisch lernten und in den Jahren 2004 bis 2006 konkret zu ihren Erwartungen an den Unterricht in der fünften Jahrgangsstufe befragt wurden. Der Autor ANDREAS MARSCHOLLEK (2007) erhielt auf die Frage: „Was würdest du im Englischunterricht im fünften Schuljahr am liebsten machen?" verblüffende Antworten wie:

- So tolle Sachen wie im vierten Schuljahr.
- Alles genau so wie in der vierten Klasse.
- Die Zahlen bis 100 000. Alles lernen. Lieder.
- Noch ein paar Geschichten oder Sagen behandeln, die wir dann auch nachspielen.
- Genau so viele Projekte durchführen wie in der vierten Klasse und mehr schreiben.
- Englische Briefe an englische Kinder und Erwachsene schicken und Geschichten auf Englisch schreiben.
- Ich möchte Englisch weiter lernen und es irgendwann auch fließend können! Sehr bald!
- Ich würde gerne so viel Englisch lernen, dass ich in der sechsten Klasse fließend Englisch spreche.

Zusammenfassend stellt MARSCHOLLEK fest, dass die Zahl der Kinder beeindruckend ist, die bei der Formulierung ihrer Erwartungen explizit Lernfortschritte und Erfolgserlebnisse im Blick haben. Die Kinder entwickeln im Alter bis zu zehn Jahren durchaus eine Vorstellung davon, wie sie ihre fremdsprachliche Kompetenz in Zukunft weiter ausbauen können, und zwar auch durch weniger spielerisches Lernen: Darauf legten nur vier der befragten 94 Kinder für die Zukunft ausdrücklich Wert. Insgesamt, so MARSCHOLLEK, zeigten die Antworten, „dass die Einstellungen der Kinder keineswegs von Angst oder Vorbehalten geprägt sind, sondern vielmehr von Neugier, Leistungswillen und Optimismus" (2007, S. 36).

Kooperation mit den weiterführenden Schulen

In der Vergangenheit begegneten Lehrkräfte der Sekundarstufen dem Fremdsprachenunterricht in der Grundschule oft mit Skepsis und starken Vorbehalten. Vor allem die Hauptschullehrerinnen und -lehrer beklagen, dass sie nun nicht mehr die Möglichkeit haben, mit den Kindern ein neues Fach zu erobern und die Freude zu erleben, mit der die Kinder sich am Unterricht beteiligen. Auch gab es in der Vergangenheit erhebliche Zweifel an der Effizienz des Englischunterrichts in den Grundschulen, weil dieser zu Beginn der 90er-Jahre noch ohne verbindliche Lehrpläne, „nur spielerisch" erfolgte, weshalb das „richtige" Fremdsprachenlernen erst in der Sekundarstufe beginnen würde. Dabei wurden dann in Gymnasien – als Reaktion auf vorher überwiegend spielerisches Lernen – ein schneller Verlust der Motivation und ein Versagen bei den notwendigen Anforderungen im Vokabellernen, bei grammatischen Übungen und schriftlichen Leistungstests beobachtet.

Mit der für alle Kinder verbindlichen Einführung des Englischunterrichts in den Bundesländern – Französisch im Saarland – und einem auch durch die PISA-Diskussion und den „Gemeinsamen europäischen Referenzrahmen" (GER) erfolgten bildungspolitischen und pädagogischen Mentalitätswandel änderte sich die Gesamtsituation. In den neuen Lehrplänen und Richtlinien für den Englischunterricht in Grundschulen standen nun verbindliche Lernziele. Die Begriffe „Leistung" und „Lernzielorientierung" wurden positiv besetzt. Man passte auch die Lehrpläne für den Unterricht in den fünften Klassen zumindest teilweise an die neue Situation an. Die bisher oft skeptisch beurteilte Arbeit mit Lehrbüchern wurde zunehmend begrüßt, da diese ein wichtiges Leitmedium sind (vgl. Kap. 4) und in Zukunft stufenübergreifend gestaltet sein werden. Schon früh ist im Braunschweiger Schulversuch darauf hingewiesen worden, dass zu den Erfolgsbedingungen des Frühbeginns die stufenübergreifende Kontinuität als eine notwendige Bedingung gehört (DOYÉ/LÜTTGE 1977), und zwar in doppelter Hinsicht: bezogen auf das sprachliche Können der Schülerinnen und Schüler und auf die Methodik des Unterrichts. Für die Lehrkräfte der Sekundarstufe gilt somit vor allem, in den fünften Schuljahren die positive Einstellung zum Englischlernen möglichst lange aufrecht zu erhalten. Dies gelingt, wenn sie das Können der Kinder würdigen und einen harten Bruch im Stil des Unterrichts vermeiden.

Heute wird der gesamte Schulbesuch stärker im Bildungszusammenhang gesehen, sodass abgebende Schule und aufnehmende Schule in einer gemeinsamen Verantwortung für jedes einzelne Kind zur Kooperation verpflichtet sind. Dafür gibt es vielfältige Formen, die sich bisher aufgrund persönlicher Initiativen oder lokalen gemeinsamen Engagements schon verwirklicht haben.

In erster Linie gehören dazu wechselseitige Hospitationen von Grundschul- und Sekundarstufenlehrkräften, bei denen beide Seiten Einblick in die Arbeitsweisen der jeweiligen Schulstufe bekommen. Eine Kollegin oder ein Kollege aus einer weiterführenden Schule kann sich ohne Einblick nicht so einfach vorstellen, was im fachdidaktischen Neuland des

Grundschulenglisch passiert. Selbstbewusst und mit dem Bemühen um Transparenz sollte daher die Initiative zur gegenseitigen Hospitation von Ihnen ausgehen. Bitten Sie Ihre Kolleginnen und Kollegen um Unterstützung bei der Organisation und Durchführung, vor allem wenn Vertreter unterschiedlicher Schulformen wie Hauptschule und Gymnasium kommen. Nur auf diese Weise können Sie vermitteln, was inhaltlich wie methodisch das Spezifische Ihrer Arbeitsweise ist und mit welcher Unbefangenheit und Lernfreude Ihre Schülerinnen und Schüler mitarbeiten. Vielleicht ergeben sich sogar „Tandem-Teams", in denen Partner aus Grundschule und Sekundarstufe gegenseitig hospitieren und vielleicht sogar Unterrichtsvorschläge zum gleichen Thema erarbeiten, die schulformgemäß zwar differieren, sich aber für eine inhaltliche Weiterführung anbieten (vgl. BÖRNER und BRUSCH 1999).

Über eine praktische Form der Kooperation zwischen einer Grundschule und einem Gymnasium berichteten eine Grundschullehrerin und ein Studienrat auf einer Fortbildung, zu der Lehrkräfte der Grundschulen und der weiterführenden Schulen eingeladen waren. „Schnell wurde uns in den Gesprächen klar, dass wir keine ausreichenden Kenntnisse von den Unterrichtsmethoden und -inhalten der jeweils anderen Schulform hatten. So waren die Lehrkräfte der Sekundarstufe überrascht, wie umfangreich die Vokabelkenntnisse der Grundschüler zu bestimmten Wortfeldern sind. Die Schulbücher der fünften Klassen jedoch berücksichtigen diese veränderten Bedingungen noch nicht. Unweigerlich kommt es zu unnötigen Wiederholungen und Längen im Englischunterricht, die sich demotivierend besonders auf die leistungsstärkeren Schülerinnen und Schüler auswirken" (BAILEY/BUNTENKÖTTER 2006, S. 9).

Die Lehrkräfte beider Schulformen kamen überein, im Sinne einer Differenzierung leistungsstarke Schüler und Schülerinnen in beiden Schulformen besonders zu fördern. So unterrichteten Schülerinnen der sechsten Klasse nach voriger Anleitung durch den betreuenden Studienrat Kleingruppen von zehn Kindern in der nahe gelegenen Grundschule. Lerninhalte, die korrekte Aussprache und die Arbeitsformen wurden zuvor abgesprochen und beide Schulleitungen – dies wird ausdrücklich erwähnt – unterstützten das Projekt nachhaltig und behoben organisatorische Schwierigkeiten. Als Ergebnis halten die Autoren fest: „Dass ältere Schüler jüngere Schüler unterrichten, mag auf den ersten Blick ungewöhnlich sein. Doch die Vorteile dieser Projektform liegen auf der Hand. Es können kleinere Gruppen gebildet werden, in denen sprachlich intensiver gearbeitet werden kann und damit im Interesse der leistungsstärkeren Kinder Differenzierung stattfindet. Für den einzelnen Grundschüler ist somit der Sprachumsatz höher und nachhaltiger; der Lernprozess wird optimiert. Gleichzeitig fördert der aktive Umgang mit der Fremdsprache sowohl bei den Gymnasiasten, aber vor allem auch bei den Grundschülern die Motivation und führt so zu einer äußerst positiven Grundeinstellung für das Erlernen der Fremdsprache – die Bedeutung dieser Grundhaltung kann nicht hoch genug eingeschätzt werden" (BAILEY/BUNTENKÖTTER 2006, S. 10).

Diese Form der Kooperation wird hier so ausführlich wiedergegeben, weil sie zeigt, wie viel Eigeninitiative in kleinem Rahmen bewirken kann. Auf einer schulorganisatorisch übergeordneten, lokalen Ebene der Kommune empfehlen sich Koordinationskonferenzen, auf denen in größerem Rahmen Leitlinien, Lehrpläne und Unterrichtskonzepte aufeinander abgestimmt, Lehrwerke besprochen, Materialien vorgestellt und ausgetauscht werden können. Solche Konferenzen sind auch der Ort, an dem Videoprotokolle Ihrer täglichen Arbeit im Klassenraum oder Projektergebnisse diskutiert werden können. Auch ließe sich z. B. berichten, wie Sie die Arbeit am Computer in Ihren Unterricht integrieren. Das Gleiche sollten Sie allerdings im Austausch von den Sekundarlehrkräften erwarten. Auch die Institutionen der Lehrerfort- und -weiterbildung sind gefordert, gemeinsame Fortbildungsveranstaltungen zu organisieren, um einen gleichen Informationsstand für die Lehrkräfte des Frühbeginns und der Weiterführung in relevanten Themen zu sichern. Dazu gehören neuere Lehrpläne, von Einzelnen entwickelte methodische Kunstgriffe, lernpsychologische Erkenntnisse, gelungene Formen der Elternarbeit, Entwicklungen in neueren Lehrwerken oder Möglichkeiten zur Fortbildung in Ländern der Zielsprache, um nur einige Themen zu nennen. Sie können auch Ihrerseits Vorschläge zu fremdsprachlich orientierten Weiterbildungsthemen bei entsprechenden Institutionen einbringen. *Continuing staff development, promotion of teacher co-operation and networking across disciplinary and sector boundaries* sind auf jeder internationalen pädagogischen Konferenz in englischsprachigen Ländern regelmäßige Themen. Sie selbst als Lehrkraft für Englisch in der Grundschule können Wesentliches zu diesem Netzwerk von Kontakten beitragen.

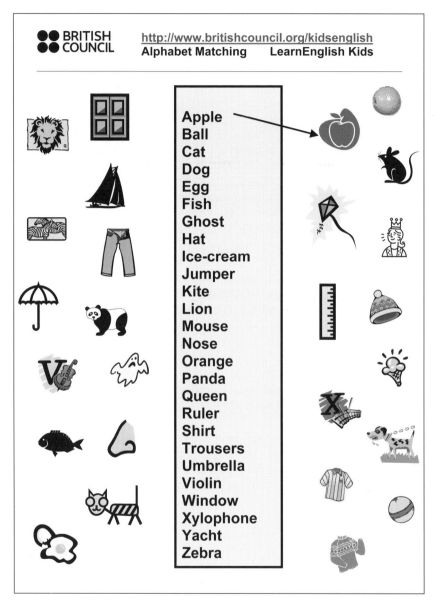

Abb. 19 Beispiel für Unterrichtsmaterialien, wie sie *BBC* und *British Council* kostenlos im Internet anbieten

6 Professionelle Formen der eigenen Fortbildung

Newsletters von *BBC* und *British Council*

Sie werden nicht immer Gelegenheit haben, Konferenzen oder Fortbildungsveranstaltungen zu besuchen, doch Sie können sich auf einfache Weise eine Form der eigenen Weiterentwicklung sogar kostenlos ins Haus holen.

Welche Fortbildung könnte authentischer sein als eine Seite, die speziell für Englischlehrkräfte weltweit gemeinsam von *British Council* und *BBC* unterhalten und gepflegt wird? Wenn Sie sich auf der Startseite von www.teachingenglish.org.uk (unter: *Subscribe here*) registriert haben, bekommen Sie wöchentlich einen kostenlosen *Newsletter*, der Ihnen unterschiedliche Themen und Materialien für Ihren Unterricht anbietet (siehe Beispiel auf S. 126). Dabei werden zwar alle Lernerstufen bedacht, sehr häufig tauchen aber auch Themen für jüngere Lerner auf, also gerade für Ihre Zielgruppe. Und nicht nur das: Sie finden dort verschiedene Rubriken, in denen Sie weiter stöbern können. In der Rubrik *Think* finden Sie zahlreiche Artikel zu methodischen Fragen wie *The child as learner*; *Young learner testing*; *Teacher talking time*; *Error correction* oder *Storytelling* – um nur eine Auswahl zu nennen. Die Rubrik *Try* schlägt *Activities* zu den vier Fertigkeitsbereichen vor, gibt Tipps zur Unterrichtsplanung und bietet schließlich ganze Stundenentwürfe – *Lesson plans for complete lessons or sections of lessons with worksheets and detailed procedures.*

In der Rubrik *Talk* schließlich können Sie Fragen stellen und dabei beobachten, dass auch Ihre Kollegin Vanessa aus Brasilien oder Ihr Kollege Jorge aus Mexiko manchmal nicht weiterwissen. Sehr nützlich sind die *Downloads* aus der *Audio bank: downloadable sound files for teacher development*. In klarstem, wunderschönem Englisch können Sie sich, sooft Sie wollen, anhören, wie man *vegetables* oder *secretary* mit nur je drei Silben ausspricht. Wenn Sie sich in etwas längere Texte einhören wollen, können Sie das unter derselben Adresse im Internet tun und sich gleichzeitig fachdidaktisch weiterbilden. *Innovations in teaching* heißt eine sechsteilige Radioserie des *BBC World Service*, die Sie pro Sendung mit einer Länge von 13 bis 15 Minuten herunterladen und anhören können. Gleich in der ersten hören Sie JEREMY HARMER, der mit der Neuausgabe von *The Practice of English Language Teaching* (2002) eine britische Autorität in der Fachdidaktik ist.

Noch vielseitiger und nicht nur didaktisch-methodisch ausgerichtet ist der Service direkt von *BBC*. Wenn Sie sich einloggen unter www.bbc.co.uk/worldservice/learningenglish/, finden Sie auf der Startseite die Möglichkeit *Sign up for our free newsletter*. Wöchentlich erhalten Sie dann eine E-Mail und können sich unterhalten lassen von einer weiteren der mittlerweile zahlreichen Episoden im Leben der Wohngemeinschaft der *Flatmates – four people, a cat and a flat*. Der Text, die Hörfassung, Vokabelerläuterungen, ein Quiz und Themen der Episoden wie *A box of chocs*, *Opening prezzies*, *A visit to the vet* geben Ihnen typische Redewendungen aus Alltagssituationen, selbst zu so aktuellen und kontroversen Themen wie *Smoking in the loo*. Neben dieser unterhaltenden Weiterbildung wollen Sie vielleicht noch *Vocabulary in the news, Music – Pictures – Stories* anhören und ansehen, ein bisschen Grammatik erproben oder an einem Quiz teilnehmen – *it's yours for the asking*.

Fachzeitschriften mit CDs

Newsletters werden nicht nur von britischen Autoritäten im Bereich des Englischlernens versandt. Auch alle einschlägigen deutschen Schulbuchverlage benutzen inzwischen diesen Informationsweg, für den Sie sich auf der jeweiligen Homepage registrieren lassen können. Darüber hinaus gibt es Zeitschriften für den Englischunterricht der Grundschule, die speziell auf die Bedürfnisse von Lehrkräften zugeschnitten sind.

Dazu gehört z. B. *Grundschule Englisch*, eine Zeitschrift, die viermal im Jahr beim Kallmeyer Verlag erscheint. Sie bietet Praxisanregungen und Arbeitsmaterialien, unterstützt die Themen des Heftes auf einer CD durch Lieder, Reime und Gedichte, die von Muttersprachlern vorgetragen werden, und stellt unter der Rubrik *Topic* landeskundliche Besonderheiten vor. Außerdem enthält das Heft jeweils Materialien zur Überprüfung des Hörverstehens sowie Selbsteinschätzungsbögen für die Hand der Kinder.

Eine weitere Zeitschrift ist das *Grundschulmagazin Englisch – The Primary English Magazine* vom Oldenbourg Schulbuchverlag, das sechsmal im Jahr erscheint und neben didaktischem Basiswissen viele Praxisideen, erprobte Unterrichtsanregungen und leicht umsetzbare Materialien und Kopiervorlagen sowie Übungen und *classroom language* für Ihre persönliche Sprachpraxis bietet. In jeder Ausgabe finden Sie auf der Audio-CD *stories, songs, rhymes and more*, jeweils gesprochen von einem *native speaker*. Ergänzende Materialien werden zudem zu jeder Heftnummer als kostenlose Downloads im Internet geboten unter: www.oldenbourg.de/osv/zeitschriften/gsm-englisch/index.htm.

Ein drittes Angebot ist *Take Off! Zeitschrift für frühes Englischlernen* aus dem Bildungshaus Schulbuchverlage Westermann, Schroedel, Diesterweg u.a. Sie erscheint viermal im Jahr und wählt für ihre themenorientierten Hefte (z.B. *Ponies and horses/Planets/Carnival and other traditions*) einen Ansatz, bei dem Englisch über weitere Fächer aus dem Sachunterricht vermittelt wird. Voraussetzung für diese Art des Arbeitens ist eine sehr hohe Sprachkompetenz auf Seiten der Lehrenden und Lernenden, wie sie z.B. in bilingualen Grundschulen anzutreffen ist (vgl. Kapitel 2 „Erkenntnisse aus Evaluationen").

Qualifizierende Weiterbildung im Fernstudium

Wenn Sie bereits ein Hochschulstudium abgeschlossen haben und über mindestens ein Jahr Berufspraxis verfügen, haben Sie auch die Möglichkeit, in dem akkreditierten Masterstudiengang „Didaktik des frühen Fremdsprachenlernens" an der Pädagogischen Hochschule Freiburg eine berufsbegleitende Ausbildung für den Sprachunterricht im Vor- und Grundschulalter in Englisch zu absolvieren. Im Rahmen eines Fernstudiengangs können Sie sich orts- und zeitunabhängig weiterbilden, verzichten dabei aber nicht völlig auf die sozialen Kontakte eines normalen Studiums, denn durch die E-Learning-Plattform E-LINGO können Sie einerseits das Lernmaterial virtuell bearbeiten, sich aber gleichzeitig mit Tutoren sowie Kommilitonen beraten und austauschen. Außerdem treffen Sie jeweils einmal im Semester während eines Präsenzwochenendes die Dozenten, Tutoren und Kommilitonen. Der Schwerpunkt des Studiums liegt auf der Analyse der Praxis unter Einbeziehung der wissenschaftlichen Erkenntnisse der Didaktik, Sprach- und Literaturwissenschaft sowie der Entwicklungspsychologie. Gute Englischkenntnisse sind eine Voraussetzung für den Beginn, da der gesamte Studiengang in englischer Sprache verläuft. Dieser Aufbaustudiengang (www.e-lingo.de) dauert vier Semester und schließt mit dem international anerkannten Grad *„Master of Arts"* ab.

Gute englische Sprachkenntnisse sind ebenso erforderlich für den Mastergrad *Teaching English to Young Learners* des *Centre for English Language Teaching – CELT* der Universität York. Auch hierbei handelt es sich um ein *two-year part-time professional development distance learning programme*. Die Universität bereitet die Teilnehmerinnen und Teilnehmer jedes Jahr im Juli durch einen zweiwöchigen Pflichtkurs mit Dozenten und Kommilitonen in York darauf vor, mit den *multimedia self study module packs* selbstständig im Fernkurs zu arbeiten. Wenn eine Teilnahme am Vorbereitungskurs nicht möglich ist, kann man diesen auf Antrag auch online absolvieren. Nicht zu unterschätzen sind für jede Art einer solchen Weiterbildung neben dem Zeitaufwand die entstehenden Kosten. Für York gibt die Homepage (www.york.ac.uk/celt/teyl/ma_teyl.htm) darüber Auskunft.

Englandaufenthalt – von COMENIUS unterstützt

Wenn Sie Ihre sprachlichen und landeskundlichen Kenntnisse durch einen Auslandsaufenthalt vor Ort auffrischen möchten, können Sie dies im *English Language Center* in Brighton & Hove tun, *"a popular seaside town with the beautiful Sussex countryside only minutes away"*, wie die Homepage zu vermelden weiß. Dieses Weiterbildungsangebot ist besonders für Lehrkräfte geeignet, die Englisch unterrichten, ohne dafür während ihres Studiums speziell ausgebildet worden zu sein. Die Teilnahme wird mit Mitteln des COMENIUS-Programms der Europäischen Union gefördert. Da die Antragstellung spätestens fünf Monate vor Kursbeginn erfolgen muss, sollten die dafür notwendigen Unterlagen möglichst frühzeitig eingereicht werden. Die Kurse werden vorwiegend zu Ferienzeiten angeboten. Das *English Language Centre* befasst sich seit der bundesweiten Einführung von Fremdsprachen in der Grundschule schwerpunktmäßig mit Fragen, Möglichkeiten und Problemen des frühkindlichen Sprachenlernens. Bei den zweiwöchigen Seminaren, die mit deutscher Beteiligung geplant werden, geht es einerseits um eine intensive sprachliche Betreuung in kleinen Gruppen, andererseits um die Erörterung didaktisch-methodischer sowie interkultureller Fragen in Workshops und Projekten. Dabei hat man die Möglichkeit, Erfahrungen mit Kolleginnen und Kollegen aus anderen Ländern der Europäischen Union auszutauschen. Die Unterbringung erfolgt bei englischen Gastgebern. Weitere Informationen erhalten Sie unter www.elc-brighton.co.uk.

Kongresse – *at home and abroad*

Neuere Entwicklungen aus der englischen Fachdidaktik erfahren? Kritische Meinungen dazu auf der Basis Ihrer Erfahrungen in der Praxis äußern? Die neuere Fachliteratur im Überblick einer Buchausstellung kennenlernen? Das alles können Sie während eines der Fachkongresse erleben, die in regelmäßigem Abstand organisiert werden.

Dazu gehört in erster Linie der Kongress „Fortschritte im frühen Fremdsprachenlernen", der jeweils im Abstand von drei Jahren an wechselnden Orten stattfindet und zu dem Informationen unter www.fff-konferenz.de im Internet zu finden sind.

Die Publikation (SCHLÜTER 2006) ausgewählter Tagungsbeiträge zu Themen wie Leistungsfeststellung, Bewusstmachung, Spracherwerb oder inhaltliche Ausgestaltung des frühen Fremdsprachenlernens gibt Hinweise zur Aktualität behandelter Themen und zur Bilanz erreichter Fortschritte.

Dreifachen Nutzen können Sie aus dem Kongress der *International Association for the Teaching of English as a Foreign Language* (IATEFL) ziehen, der jährlich im Frühjahr, oft in den Osterferien an unterschiedlichen Orten im *United Kingdom* stattfindet und Ihnen Gelegenheit zum interkulturellen wie sprachlichen und landeskundlichen Lernen gibt.

Mittlerweile reichen die Herkunftsländer der Kongressteilnehmer von Oman über Taiwan bis zur Russischen Föderation – um nur ein paar Länder zu nennen, was zeigt, dass *English as a global language* mittlerweile nahezu überall unterrichtet und gelernt wird.

Im Rahmen des Kongresses tagt immer auch eine *Young Learners Special Interest Group*. Unter www.iatefl.org finden Sie jeweils die neuesten Hinweise.

Ferien als Fortbildung

Einen warmen und sonnigen Sommerurlaub können Sie auf den britischen Kanalinseln und in Cornwall, in Gibraltar und auf Malta, in Südafrika und wegen des Kontinentalklimas in allen Bundesstaaten der USA verbringen.

Dies mit dem einen unschätzbaren Vorteil: Überall dort wird Englisch gesprochen und überall dort werden Sie durch Erfahrungen mit Land und Leuten Ihren Unterricht bereichern können. Welche Schätze können Sie mitbringen! Ein Foto vom Verkehrsschild eines *U-Turn*. Was ist das und warum heißt der so? Einen Flyer aus dem Pizza-Restaurant: *Choose from the following toppings. – What is your favourite topping?* Einen Warnzettel auf einem Bezirk in New Jersey: *Be bear-aware.* Man möge die Mülltonnen gut schließen. Warum?

Was immer Sie für die Kinder in Ihrer Klasse mitbringen, wodurch auch immer Sie Ihre Begeisterung mitteilen: Es wird nicht nur für Sie gelten – *Travelling is educational.*

Anhang

Classroom Language for Praise and Encouragement

Good.
Right.
Fine.
Yes.
Right you are.
Quite right.
Nice.

That's the way.
That's right.
That's it.
That's correct.
That's quite right.
Yes, you've got it.
You've got the right idea.

Excellent.
Very good.
That's very good.
Well done.
Very fine.
That's nice.
I like that.
Marvellous.
You made a very good job of that.
Magnificent.
Terrific.
Jolly good.
Great stuff.

Fantastic.
Perfect.
Brilliant.
Wonderful.
Gorgeous.
Super.
Splendid.
Great.

That's perfectly correct.
There's nothing wrong with your answer.
What you said was perfectly all right.
You didn't make a single mistake.
That's just what I was looking for.
I couldn't have given a better answer myself.

Not really.
Unfortunately not.
I'm afraid that's not quite right.
You can't use that word here.
Good try, but not quite right.

Could be.
It depends.
It might be, I suppose.
In a way, perhaps.
Sort of, yes.
Maybe this helps you.

That's better.
You've improved a little.
That's more like it.
That's a bit more like it.
That's much better.
Quite good, but you can also say …

Try it again.
Have another try.
Not quite right. Try again.
You were almost right that time.

Almost right.
Not exactly.
Well, err, ...
That's almost it.
You're half way there.
You've almost got there.
You're on the right lines/track.
Take it easy.

There's no need to rush/hurry.
There's no hurry.
We have plenty of time.
Go on. Have a try.
Have a go!
Have a guess if you don't know.

Don't worry.
Don't worry about it.
Not to worry, it'll improve.
Maybe this will help you.
What if I give you a clue?
I'll help you if you get stuck.

You have a very good pronuncation.
Your pronunciation is very good.
You sound very English.
You speak/read very fluently.
You have made a lot of progress.
You need some more practice with these words.
You'll have to spend more time practising this.
You're getting better at it all the time.
You've greatly improved.

Übersicht der Lehrwerke für den Englischunterricht in der Grundschule

Für den Beginn ab Klasse 1:

Ikuru (Berlin: Cornelsen 2001)
Magicland (München: Langenscheidt 2003)
Supermouse (Ismaning: Hueber 2002)
Storytime (Braunschweig: Westermann 2005)
Discovery 1 (Braunschweig: Westermann 2006)
Green Keystones (Frankfurt/M.: Diesterweg, Neubearbeitung 2007)
Sally (München: Oldenbourg 2007)
Playway to English (Leipzig: Klett 2002, Neuentwicklung ab 2008)
Tiger Tom (Leipzig: Klett, ab 2008)
Colour Land (Leipzig: Klett, Neuentwicklung ab 2008)
Ginger Early Start Edition (Berlin: Cornelsen 2008)
Sunshine Early Start Edition (Berlin: Cornelsen ab 2008)

Für den Beginn ab Klasse 3:

Kooky (Berlin: Cornelsen 1993)
Keystones (Frankfurt/M.: Diesterweg 1999)
Doodie (Ismaning: Hueber 1999)
Playway Rainbow Edition (Leipzig: Klett 2002)
Jump! (München: Langenscheidt 2003)
Bausteine Magic (Frankfurt/M.: Diesterweg 2003)
Bumblebee (Braunschweig: Schroedel 2003)
Ginger (Berlin: Cornelsen 2003)
Sally (München: Oldenbourg 2005)
Storytime (Braunschweig: Westermann 2006)
Sunshine (Berlin: Cornelsen 2007)
Colour Land (Leipzig: Klett, Neuentwicklung ab 2008)

Glossar

Action rhyme
Jede Art von Vers, zu dem man, passend zum Text, Körperbewegungen ausführen kann. Ein Klassiker darunter ist das Kreisspiellied: *I put my right hand in, I put my right hand out* mit entsprechenden Armbewegungen.

Anglizismen
Eine aus dem englischen in den deutschen Sprachgebrauch übernommene sprachliche Form, wie z.B. „das Feedback".

Auslautverhärtung
Die Aussprache von Endkonsonanten in Wörtern wie Stab, Rad, Tag ist im Deutschen immer stimmlos, d.h., sie werden „hart" ausgesprochen, als /~p, ~t, ~k/. Das Englische kennt stimmhafte Endkonsonanten wie in *bad, mad, bag* und stimmlose wie in *map, bat, back*.

Behaviorismus
Eine psychologische Schule (Hauptvertreter B. F. Skinner), die sich nur mit dem beobachtbaren und messbaren Verhalten beschäftigte. Zur Erklärung von Spracherwerbsmechanismen nur begrenzt geeignet, als *pattern practice* noch methodisch genutzt.

Binnendifferenzierung
Den Lernenden in einer Klasse oder Gruppe werden unterschiedliche Aufgaben gestellt, die ihrem erreichten individuellen Lernstand angemessen sind.

Chunks of language
Von den Kindern zunächst als Ganzes aufgenommene und dem Kerninhalt nach verstandene sprachliche Äußerung wie etwa *See you tomorrow* als *Tschüss, bis morgen*.

Code-switching
Das Wechseln von einer Sprache zur anderen im Dialog zwischen Sprechern, von denen beide Sprecher beide Sprachen verstehen, im Fremdsprachenunterricht von Lernenden oft durch Wechseln in die Muttersprache gebraucht, wie z.B. in: „Was heißt noch mal ‚Wolke'?"

Generatives Prinzip
Die Eigenschaft der Sprache, aus endlichen Mitteln (fast) unendlichen Gebrauch zu machen. Schon Kleinkinder benutzen das Prinzip, wenn sie z.B. die Verkleinerungsform *-lein* ausprobierend an Substantive anhängen, die sie in dieser Form noch nicht gehört haben, so bei *Wauwaulein* für *kleiner Hund* oder im Englischen *bringed* statt *brought* generieren.

Inhibition/inhibited learners
Im frühen Stadium des L2-Erwerbs bei einigen Kindern auftretende Schüchternheit im Gebrauch der fremden Sprache, Sprachhemmungen.

Chants
Stark rhythmisierte Sprechgesänge ohne Musikbegleitung, mit denen Aussprache und zusammenhängendes Sprechen geübt werden können. Im Alltag z.b. üblich bei oder nach Fußballspielen, oft wenig nett gegenüber der gegnerischen Mannschaft.

Comprehensible input
Die von S. D. KRASHEN aufgestellte Forderung, dass das fremdsprachliche Angebot, also der Input, gut verständlich sein müsse.

Computer literacy/cultural literacy
Unter *literacy* versteht man die Fähigkeit, lesen und schreiben zu können. Im übertragenen Sinne ist *computer literacy* die Fähigkeit, den Computer in seinen Anwendungen zu beherrschen. So spricht man auch von *cultural literacy* als der Fähigkeit, sich in der mit einer Sprache verbundenen Kultur zurechtzufinden.

Council of Europe/Europarat
Der Europarat ist eine internationale Organisation mit Sitz in Straßburg, die seit 1949 besteht und derzeit 47 Mitgliedstaaten hat. Er darf weder mit dem „Europäischen Rat" (Staats- und Regierungschefs der 27 Mitgliedstaaten der EU) noch mit dem „Rat der Europäischen Union" (Vertreter der 27 Mitgliedstaaten der EU auf Ministerebene) verwechselt werden. Zu den Zielen des Europarats gehören unter anderem die Vermittlung demokratischer Werte und die Vorbereitung junger Menschen auf ein Leben in einem mehrsprachigen und mehrkulturellen Europa. In diesem Sinn verabschiedete der Europarat den „Gemeinsamen europäischen Referenzrahmen für Sprachen" (GER) – *Common European Framework of Reference for Languages (CEFR)*.

Critical period
Eine in den 60er-Jahren des letzten Jahrhunderts aufgrund neurophysiologischer Forschungen entstandene Vorstellung, dass es bei Kindern aufgrund des noch plastischen Gehirns eine „kritische Periode" besonderer Eignung für das Lernen von Sprachen gäbe, die mit Einsetzen der Pubertät ende. Diese Hypothese konnte in der Forschung nicht generell bestätigt werden, für den Erwerb der L2-Aussprache scheint ein günstiger Zeitraum im Grundschulalter zu liegen.

Cultural awareness
Die Bewusstheit, dass andere Kulturen andere Ausprägungsformen haben, die es zu respektieren gilt und auf die man angemessen reagieren sollte. Dies setzt ausreichendes Wissen über die eigene und die fremde Sprache *(language awareness)* und die anderen Kulturen voraus.

Curriculum
Ein Lehrplan, der auf einer wissenschaftlich fundierten Theorie des Lehrens und Lernens aufbaut und die Möglichkeiten der Realisierung der Lehr- und Lernprozesse mit enthält.

Didaktik
Didaktik ist die die Praxis reflektierende Theorie des Lehrens und Lernens (hier: des Englischunterrichts), aus der wissenschaftlich begründete Vorschläge und Empfehlungen für Unterrichtsziele und die Gestaltung von Unterricht (Methodik) abgeleitet werden. Die Didaktik befasst sich auch mit der Entwicklung und Evaluation von Lehr-/Lernmaterialien.

Echomethode
Ein methodischer Kunstgriff, der zuerst von DUFEU (1992) im Zusammenhang mit Psychodrama eingeführt wurde. Im Klassenraum wird simuliert, die Lernenden, die als Gruppe in einer Ecke stehen, seien das Echo der Lehrkraft, die fremdsprachliche Sinneinheiten quer durch den Raum ruft. Diese werden von der Gruppe als Echo zurückgegeben. Die Echomethode schult die Aussprache, das Gruppengefühl und nimmt schüchternen Kindern die anfängliche Scheu in der Fremdsprache.

Expansion
Wörtlich: Ausdehnung, Erweiterung – die durch die Lehrkraft erweiterte Formulierung einer knappen, aber im Prinzip richtigen Antwort eines Kindes.

Freie Waldorfschulen
Seit 1919 existierende private Gesamtschulen, mit vorgeschaltetem Kindergarten. Diese Schulen fußen auf der anthroposophischen Lehre RUDOLF STEINERS und begannen bereits bei ihrer Gründung mit Fremdsprachenlernen im Grundschulalter.

Immersion
Ein aus der kanadischen Fremdsprachendidaktik stammender Begriff, mit dem das völlige „Eintauchen" in die Fremdsprache gemeint ist, gelegentlich bereits im Kindergarten, aber auch im schulischen Kontext, in dem die Fremdsprache als Unterrichtssprache benutzt wird. Je nach Umfang der Immersion können prinzipiell alle Lehrplanfächer (bis auf den muttersprachlichen Unterricht) in der Fremdsprache unterrichtet werden.

Input
Die gesamte Menge an Fremdsprache (Wörter, Wendungen und Strukturen), die die Lernenden als Lernangebot im Unterricht und ggf. auch darüber hinaus erhalten.

Interkulturelle Kompetenz
Die Fähigkeit, sprachlich und im sozialen Verhalten auf andere Sprachen und Kulturen unvoreingenommen und angemessen zu reagieren, d.h. auch die „Normalität des Fremden" (HANS HUNFELD) als solche zu akzeptieren und um deren Verständnis bemüht zu sein. Diese Fähigkeit setzt Wissen über die andere und die eigene Kultur voraus.

Interlanguage und Interimsprache
Auf dem Weg zur Beherrschung der Zielsprache durchläuft der Lernende Zwischenstadien, die in sich eigenständige Sprachsysteme sind. Sie werden vom Lernenden als schlüssig angesehen, weil Gelerntes im jeweiligen Zwischenstand auf eigene Weise erarbeitet wurde. Dazu gehört z.B. das Bilden von falschen Verallgemeinerungen wie das Verwenden von schwachen Verbendungen (he *goed, I *wented, er ist *gesprungt). Mit Interimsprache (u.a.) kann aber auch der jeweils erreichte Sprachzustand eines Lernenden gemeint sein.

Grundportfolio
Basierend auf der Initiative des Europarates, ein europäisches „Portfolio für Sprachen" zu schaffen, gibt es auch für alle Fremdsprachenlernenden im Grundschulalter ein Junior-Portfolio oder Grundportfolio, in dem Leistungsstände und Dokumente unterschiedlichster Art über die in der ersten Fremdsprache erworbenen Fertigkeiten dokumentiert werden.

L1/L2
L1 = Muttersprache, L2 = erste gelernte oder erworbene Fremd- oder Zweitsprache.

Language Awareness
Ein Lernziel des muttersprachlichen und fremdsprachlichen Unterrichts. Sprachliche Bewusstheit soll im Hinblick auf Organisationsprinzipien der jeweiligen Sprache wie auch auf deren Funktion im gesellschaftlichen Zusammenleben erreicht werden.

Lexem
Eine lexikalische Einheit (Wörterbucheintrag). Sie kann, wie z.B. bei *sing*, in unterschiedlichen Formen auftreten, wie in *sings* oder *singing*. Sie kann auch, wie z.B. bei *phrasal verbs*, aus mehreren Wörtern *(give up)* oder aus einem komplexen Wort *(schoolboy)* bestehen.

Lingua franca
Sprache, die als Kommunikationssprache zwischen Sprechern verschiedener Muttersprachen benutzt wird. In weiten Teilen der Welt ist dies heutzutage das Englische. Der Begriff stammt aus dem Lateinischen, das im Mittelalter internationale Verständigungssprache der Gelehrten war.

Listening for gist
Einer Geschichte zuhören mit dem Ziel, ihre Hauptpunkte oder Hauptaussagen zu verstehen, nicht die Einzelheiten.

Message before accuracy
In der Fachdidaktik aufgestelltes Prinzip, nach dem Lehrkräfte bei der Kommunikation von Schülerinnen und Schülern nicht zuerst auf die formale Korrektheit achten und den Kommunikationsfluss wegen Fehlern nicht unterbrechen sollten, sondern eher darauf, ob es den Lernenden gelingt, sich mit der beabsichtigten Äußerung verständlich zu machen.

Methodik
Teilgebiet der Didaktik im weiten Sinne. Theorie vom planmäßigen Vorgehen beim Unterrichten und dessen einzelnen Formen (Methoden und Techniken).

Morphem
Die kleinste bedeutungstragende Einheit einer Sprache. Sie kann aus einem Buchstaben *(guest-s)*, aus einer Silbe *(un-happy)* oder aus mehreren Silben *(salamander)* bestehen.

Motherese/caretaker speech
Erwachsenensprache gegenüber dem Kleinkind, die mit bestimmten Eigenarten wie klare Artikulation, betonte Intonation oder verlangsamte Sprechgeschwindigkeit dem Kind verständniserleichternde Hilfen geben will. Dies ist nicht zu verwechseln mit sogenannter „Babysprache" wie „Ticktack" oder „Wauwau", die, wenn von Erwachsenen gegenüber dem Kleinkind benutzt, keine Lernhilfe ist.

Nursery rhymes
Gereimte und oft auch gesungene Texte, die für kleinere Kinder in der *nursery* als Kinderkrippe wie auch in der *nursery* als Kinderzimmer geeignet sind und oft eine lange Tradition haben.

Oops-Phase
Eine gelegentlich benutzte Phase des Unterrichts, in der häufig vorkommende und erklärungsbedürftige Fehler, die die Lehrerin gesammelt hat, auf Deutsch kurz besprochen werden.

Optimum age hypothesis
Hypothese, die, ähnlich wie die der *critical period*, von einem günstigen Zeitraum (vor der Pubertät) für das Fremdsprachenlernen ausgeht.

Pattern drill/pattern practice
Ein methodisches Verfahren der 60er- und frühen 70er-Jahre, das Strukturmuster durch strukturell gleich bleibende Sätze und den Austausch von Inhaltswörtern „einschleifen" wollte. Man hoffte, dass sich damit im Lernenden eine gewisse Beherrschung dieser Muster durch die Bildung von Sprachgewohnheiten *(language habits)* etablierte.

Phonem
Kleinste bedeutungsdifferenzierende Einheit eines Sprachsystems. Wenn sich z. B. im Englischen *love* und *dove* nur durch den Anfangslaut [l] und [d] unterscheiden, so zeigt sich, dass der Bedeutungsunterschied allein durch diese Laute zustande kommt. /l/ und /d/ sind somit Phoneme des Englischen.

Portfolio
Eigentlich eine Mappe mit Blättern (Papieren, Bildern, Photos), die man herumtragen kann, heute im Wirtschaftsleben übertragen gebraucht für die gesamte Aktienanlage des Aktionärs. Im Kontext von Fremdsprachenunterricht bezeichnet der Ausdruck eine Initiative des Europarates, ein „Portfolio für Sprachen" individuell für alle Fremdsprachenlernenden in Europa zu schaffen, in dem sie ihre unterschiedlichen Kompetenzstufen in den gelernten Sprachen nach den Vorgaben des „Gemeinsamen Europäischen Referenzrahmens für Sprachen" dokumentieren können. Zeugnisse, Zertifikate, bescheinigte Auslandsaufenthalte oder besondere fremdsprachliche Arbeiten ergänzen das Portfolio.

Positive mind-set
Eine positive Grundeinstellung für weiteres Fremdsprachenlernen, die am Ende der Grundschulzeit und des Frühbeginns als Teil des Selbstkonzepts in den Lernenden erreicht worden sein soll.

Sandwich-Technik
Einer noch unbekannten englischen Äußerung schließt die Lehrkraft mit zurückgenommener Stimme zur Verdeutlichung die deutsche Bedeutung an (auch Vorsage-Technik genannt) und wiederholt sofort danach die englische Äußerung. Wichtig hierbei: Nur die Lehrkraft gebraucht kurz und verdeutlichend die deutsche Sprache, nicht die Lernenden gebrauchen sie.

Segmentieren
In Segmente (sinnvolle Teile) zerlegen oder gliedern, auch im Kontext von Hörverstehen gebraucht, in dem der Lernende das Gehörte in Sinneinheiten gliedern muss, ebenso wie das Kleinkind, das den gehörten Sprachstrom in sinnvollen Einheiten erfassen muss.

Semantisieren
Die Bedeutung eines neuen Wortes/Lexems (→ Lexem) für den Lernenden erläutern, veranschaulichen, klären. Dies kann mit Worten, Zeichnungen, Bildern, Photos oder Realien geschehen.

Sequentialität
Die sequentielle, aufeinander aufbauende Struktur des fremdsprachlichen Lernprozesses bedingt, dass alles erfolgreiche neue Lernen vom bisher Gelernten mitbestimmt wird.

Setting
Von Psychologen gebrauchter Ausdruck für die Gesamtheit eines Umfeldes, hier: das *„Setting"* Schule.

Silent period
Die Zeitspanne zu Beginn des Fremdsprachenunterrichts, in der manche Kinder eine gewisse Scheu zeigen, sich in der Fremdsprache zu äußern. Dies sollte respektiert werden. Solchen Kindern kommt eine Unterrichtsphase wie *TPR = Total Physical Response* sehr entgegen.

Story line
Der Handlungsfaden, der Ablauf einer Geschichte.

Story skeleton
Das Gerüst, die wesentlichen Kernsätze einer Geschichte.

Tolerance of ambiguity/Ambiguitätstoleranz
Im sprachwissenschaftlichen Sinn bezeichnet „Ambiguität" die lexikalische oder syntaktische Mehrdeutigkeit, wie z. B. in *The rabbi married my sister* („heiratete" oder „verheiratete/traute"). Ambiguitätstoleranz im Kontext von Fremdsprachenlernen ist die Fähigkeit, Noch-nicht-ganz-Entschlüsseltes, Noch-nicht-ganz-Verstandenes aushalten zu können, bis zu dem Punkt, an dem es eindeutig verstanden wird.

Total Physical Response (TPR)
Eine Verstehensmethode, in der die Lehrkraft mit fremdsprachlichen Aufforderungen, die sie selbst und die Lernenden in Bewegung umsetzen, zunächst das aktive Sprechen nicht fordert, sondern das Hörverstehen trainiert. Beispiel: *Play the piano on your desk.*

Uninhibited learner
Eine umgangssprachliche Bezeichnung für Lernende im Frühbeginn, die noch von keinem Fehlerbewusstsein belastet sind, das sie einschüchtern könnte.

Varietäten
Unterschiedliche Erscheinungsformen einer Sprache, wie das britische, das US-amerikanische, das australische Englisch.

Verstehensmethode
Ein methodischer Ansatz, der in der Anfangsphase des Fremdsprachenunterrichts das Verstehenlernen als primäres Lernziel sieht. – *Total physical response* ist eine dazu passende Technik.

Voiced/voiceless distinction
Eine für das Erlernen des Englischen wichtige Unterscheidung zwischen stimmhaften und stimmlosen Lauten, die, wie in *rope/robe* oder *fate/fade*, aber auch im Anlaut wie in *fine/vine* oder *seal/zeal* oft bedeutungsunterscheidend ist. Besonders zu achten ist auf die Existenz von zweierlei *th*, dem stimmlosen wie in *think* und dem stimmhaften wie in *though*.

Web of the story
Die Vernetzung einer Geschichte zwischen den handelnden Personen, deren Beziehungen untereinander und dem Geschehen.

Bibliografie

ASHER, JAMES. J. (1977): *Learning another Language through Actions*. Los Gatos: Sky Oaks Productions. 5. Auflage 1996

BADEN-WÜRTTEMBERG (2004): Bildungsplan Grundschule: Bildungsstandards für Englisch. http://www.bildung-staerkt-menschen.de/schule_ 2004/bildungsplan_kurz/grundschule

BAILEY, MARIA/BUNTENKÖTTER, BERND (2006): Differenzierung und Leistungsförderung – Eine Kooperation zwischen Grundschule und Gymnasium. In: *Primary English* – Fachbeilage des Grundschulmagazins Englisch 4 (5), S. 9–11

BARTNITZKY, HORST (2000): Sprachunterricht heute. Berlin: Cornelsen Scriptor. (Aktualisierte Ausgabe 2006)

BLAND, JANICE (2004): *Mini-Plays, Role-Rhymes and other Stepping Stones to English. Book 1. At School. Book 2. Legends and Myths. Book 3. Favourite Festivals.* Bochum: Loewenhaupt

BLAND, JANICE, illustrated by LOTTERMOSER, ELISABETH (2007): *The Musicians of Bremen*. Braunschweig: Westermann

BLEYHL, WERNER/BURGTORF, BABETTE (2007): Wie werden (Fremd-)Sprachen gelernt? In: *Take off!* Zeitschrift für frühes Englischlernen. 1 (4), S. 6–8

BÖRNER, OTFRIED/BRUSCH, WILFRIED (Hrsg.) (1999): *Crossing the Bridge*. Thematische Modelle für den Englischunterricht Klasse 3–6. Leipzig: Klett

BOS, WILFRIED, et al. (2007): IGLU 2006 – Lesekompetenzen von Grundschulkindern in Deutschland im internationalen Vergleich. Münster/ New York: Waxmann

BRUNNER, ILSE/HÄCKER, THOMAS/WINTER, FELIX (Hrsg.) (2006): Handbuch Portfolioarbeit. Konzepte, Anregungen, Erfahrungen aus Schule und Lehrerbildung. Seelze: Kallmeyer

BUND-LÄNDER-KOMMISSION (Hrsg.) (2007): Europäisches Portfolio der Sprachen. Grundportfolio. Berlin, Braunschweig, Stuttgart: Cornelsen, Diesterweg, Klett

BURMEISTER, PETRA (2006): Immersion und Sprachunterricht im Vergleich. In: PIENEMANN, M./KESSLER, J.-U./ROOS, E. (Hrsg.): Englischerwerb in der Grundschule. Paderborn: Schöningh/UTB, S. 197–216

BURNINGHAM, JACK (2001): *Mr. Gumpy's Outing*. Red Fox edition. London: Random House

BURSTALL, CLAIRE, et al. (1974): *Primary French in the Balance*. Windsor: NFER Publishing

BUTZKAMM, WOLFGANG (1993): Bewegungsspiele für Anfänger. In: Englisch betrifft uns, Heft 4, S. 1–13
BUTZKAMM, WOLFGANG (1998): Zehn Prinzipien des Fremdsprachenlernens und -lehrens. In: TIMM, JOHANNES-PETER (Hrsg.): Englisch lernen und lehren – Didaktik des Englischunterrichts. Berlin: Cornelsen, S. 45–52
BUTZKAMM, WOLFGANG (2007a): Schwache Englischleistungen – woran liegt's? Glanz und Elend der Schule oder die Wirklichkeit des Fremdsprachenschülers. In: Zeitschrift für Interkulturellen Fremdsprachenunterricht 12 (1) (online)
BUTZKAMM, WOLFGANG (2007b): Lust zum Lehren, Lust zum Lernen. Eine neue Methodik für den Fremdsprachenunterricht. (2. Auflage). Tübingen: Francke
BUTZKAMM, WOLFGANG/BUTZKAMM, JÜRGEN (2004): Wie Kinder sprechen lernen. Kindliche Entwicklung und die Sprachlichkeit des Menschen. Tübingen: Francke
CAMERON, LYNNE (2001): *Teaching Languages to Young Learners*. Cambridge: Cambridge University Press
CARLE, ERIC (2000): *Does a kangaroo have a mother, too?* New York: Harper Festival
CHRISTELOW, EILEEN (1989): *Five little monkeys jumping on the bed*. New York: Clarion Books
COUNCIL OF EUROPE (1997): *European Language Portfolio. Proposals for development*. Strasbourg: Council of Europe
CREBBIN, JUNE (Hrsg.) (2000): *The Puffin Book of Fanstastic First Poems*. London: Penguin
DE LEEUV, HOWARD (1995): Über die Angst beim Fremdsprachenlernen in der Grundschule. In: BREDELLA, LOTHAR/CHRIST, HERBERT (Hrsg.): Didaktik des Fremdverstehens. Tübingen: Narr. S. 170–185
DE LEEUV, HOWARD (1997): Einblicke in den Lernprozess: Grundschüler sprechen über ihre Erfahrungen. In: MICHAEL K. LEGUTKE (Hrsg.): Sprachenlernen – Primarschule – Unterrichtsanalyse. München: Goethe-Institut, S. 177–205
DERKOW DISSELBECK, BARBARA (2004): *The Groovy Granny Show*. Video-DVD und Unterrichtsideen zum Film mit Kopiervorlagen. Berlin: Cornelsen
DIEKMAN, ANKE (2004): *'The basic unit of memory is the story' – Storytelling in the Primary Classroom*. In: *Primary English* 1, S. 7–9
DIEHR, BÄRBEL/RYMARCZYK, JUTTA (2008): ‚Ich weiß es, weil ich es so spreche'. Zur Basis von Lese- und Schreibversuchen in Klasse 1 und 2. In: Grundschulmagazin Englisch – *The Primary English Magazine*. 6 (1), S. 6–8

Doyé, Peter (1990): Fremdsprachenbeginn ab Klasse 3: Bedingungen für seine Einführung. In: Gompf, Gundi/Meyer, Edeltraud/Helfrich, Heinz (Hrsg.): Jahrbuch '90 des Fördervereins „Kinder lernen europäische Sprachen". Stuttgart: Klett, S. 26–31

Doyé, Peter (1993): Fremdsprachenerziehung in der Grundschule. In: Zeitschrift für Fremdsprachenforschung 4 (1), S. 48–90

Doyé, Peter (1999): *The Intercultural Dimension – Foreign Language Education in the Primary School.* Berlin: Cornelsen

Doyé, Peter/Lüttge, Dieter (1973a): Leistungstests für den Englischunterricht in der 3. Klasse – LEU 3. München: Langenscheidt-Longman

Doyé, Peter/Lüttge, Dieter (1973b): Leistungstests für den Englischunterricht in der 4. Klasse – LEU 4. München: Langenscheidt-Longman

Doyé, Peter/Lüttge, Dieter (1977): Untersuchungen zum Englischunterricht in der Grundschule – Bericht über das Forschungsprojekt FEU. Braunschweig: Westermann

Drese, Karin (2006): Das Portfolio im Fremdsprachenunterricht der Grundschule – Erfahrungen mit ‚Mein Sprachenportfolio'. In: Schlüter, Norbert (Hrsg.): Fortschritte im frühen Fremdsprachenlernen. Ausgewählte Tagungsbeiträge Weingarten 2004. Berlin: Cornelsen, S. 27–33

Europarat (2001): Gemeinsamer europäischer Referenzrahmen für Sprachen: lernen, lehren und beurteilen. Berlin: Langenscheidt

Ellis, Gail/Brewster, Jean (2002): *The Storytelling Handbook for Primary Teachers.* London: Penguin

Fröhlich-Ward, Leonora (1999): *Ways to Successful Foreign Language Teaching.* In: Hermann-Brennecke, G. (Hrsg.): Frühes Fremdsprachenlernen zwischen Empirie und Theorie. Münster: LIT Verlag, S. 55–72

Gerngross, Günter/Puchta, Herbert et al. (2003): *Show what you know – Playway 3, Rainbow Edition,* Helbling: Rum/Innsbruck und Leipzig: Klett Grundschulverlag

Gerngross, Günter/Puchta, Herbert (2008): *Playway to English:* Für den Beginn ab Klasse 1. Neubearbeitung. Leipzig: Klett

Gerngross, Günter/Schocker-von Ditfurth, Marita (2006): Qualitätskriterien guter Lehrwerke – Eine Orientierungshilfe für die Auswahl. In: Primary English – Die Fachbeilage des Grundschulmagazins Englisch 1, S. 3–5

Hamburg (2003): Rahmenplan Englisch: Bildungsplan Grundschule Klasse 3 und 4. http://www.hamburger-bildungsserver.de/bildungsplaene/Grundschule/ENG_Grd.pdf

Harmer, Jeremy (2001): *The Practice of English Language Teaching.* 3rd edition. Harlow: Longman

HELLWIG, KARLHEINZ (1989): Lernentwicklung einzelner Schüler im Englischunterricht des 3. und 4. Schuljahres. In: Die Neueren Sprachen 4, S. 423–441

HELLWIG, KARLHEINZ (1995a): Bewusster Umgang mit der Fremdsprache – schon in der Grundschule? In: GNUTZMANN, CLAUS/KÖNIGS, FRANK (Hrsg.): Perspektiven des Grammatikunterrichts. Tübingen: Narr, S. 127–146

HELLWIG, KARLHEINZ (1995b): Fremdsprachen an Grundschulen als Spielen und Lernen – Dargestellt am Beispiel Englisch. Ismaning: Hueber

HERMES, LIESEL (1998): Hörverstehen. In: TIMM, JOHANNES-PETER (Hrsg.): Englisch lernen und lehren – Didaktik des Englischunterrichts. Berlin: Cornelsen, S. 221–228

HEYDEN, KARL-HEINZ/LORENZ, WERNER (Hrsg.) (2003): Erste Schritte im Internet. Lernen mit neuen Medien. Unterrichtsbeispiele und Projektideen. Berlin: Cornelsen Scriptor

HOCHSTETTER, J. (2005): Leistungsfeststellung im Englischunterricht der Grundschule. *Primary English*. Die Fachbeilage des Grundschulmagazins Englisch 5, S. 3–5

HOLLBRÜGGE, BIRGIT/KRAATZ, ULRIKE (2003): *Ginger 1* – Lehrwerk für den früh beginnenden Englischunterricht. Handreichungen für den Unterricht. Berlin: Cornelsen

HOLLBRÜGGE, BIRGIT/KRAATZ, ULRIKE (2004): *Ginger 2* – Lehrwerk für den früh beginnenden Englischunterricht. Handreichungen für den Unterricht. Berlin: Cornelsen

HOLLBRÜGGE, BIRGIT/KRAATZ, ULRIKE (2005): *Writing book Class 4 (Ginger 2)*. Berlin: Cornelsen

HUGHES, ANNIE (1999): *Carnival of Song*. Englische und amerikanische Kinderlieder – Kopiervorlagen und Vorschläge für den Unterricht. Berlin: Cornelsen

HUGHES, ANNIE (2006): *The 'why', 'what' and 'how' of using authentic picture books and stories in the EYL classroom: some practical considerations*. In: ENEVER, JANET/SCHMID-SCHÖNBEIN, GISELA (Hrsg.): *Picture Books and Young Learners of English*. München: Langenscheidt ELT, S. 151–163

HUNFELD, HANS (1992): Noch einmal: Zur Normalität des Fremden. In: Der Fremdsprachliche Unterricht – Englisch. Neue Folge 5, S. 42–44

HUTZ, MATTHIAS/KOLB, ANNIKA (2007): *Gummybears and handshoes* – Zur Entstehung von Fehlern. In: Grundschulmagazin Englisch – *The Primary English Magazine* 5 (3), S. 6–8

JOHNSTONE, RICHARD (1999): *Modern Languages at Primary School: Evaluating a National Pilot and Planning for Generalization*. In:

HERMANN-BRENNECKE, G. (Hrsg.): Frühes Fremdsprachenlernen zwischen Empirie und Theorie. Münster: LIT Verlag, S.131–141

KAHL, PETER/KNEBLER, ULRIKE (1996): Englisch in der Grundschule – und dann? Evaluation des Hamburger Schulversuchs „Englisch ab Klasse 3". Berlin: Cornelsen

KARBE, URSULA/KUTY, MARGITTA (Hrsg.) (2004): „Lernen an Stationen" Sonderheft Fremdsprachen. Frühbeginn Englisch. Grundschulunterricht 4. Berlin: Pädagogischer Zeitschriftenverlag

KARBE, URSULA/KUTY, MARGITTA (Hrsg.) (2006): „Lernen an Stationen II" Sonderheft Fremdsprachen. Frühbeginn Englisch. Grundschulunterricht 11. München: Oldenbourg

KESSLER, JÖRG-ULRICH (2006): Englischerwerb im Anfangsunterricht diagnostizieren. Linguistische Profilanalysen am Übergang von der Primarstufe in die Sekundarstufe I. Tübingen: Narr

KLIPPEL, FRIEDERIKE (2000): Englisch in der Grundschule. Berlin: Cornelsen Scriptor

KLIPPEL, FRIEDERIKE/PREEDY, INGRID (2001): *Have you seen my cat? Ketchup with everything. The new machine. Debbie.* München: Langenscheidt-Longman

KLIPPEL, FRIEDERIKE/PREEDY, INGRID (2002): *Tosh. Big B. Lost in Boston. Christmas surprise.* München: Langenscheidt-Longman

KOLB, ANNIKA (2006): ‚Nachdenken muss man öfters als fernsehgucken' – zur Reflexion des eigenen Lernens im Rahmen von Portfolioarbeit in der Grundschule. In: SCHLÜTER, NORBERT (Hrsg.): Fortschritte im frühen Fremdsprachenlernen. Ausgewählte Tagungsbeiträge Weingarten 2004. Berlin: Cornelsen

KOLB, ANNIKA (2007): Portfolioarbeit. Wie Grundschulkinder ihr Sprachenlernen reflektieren. Tübingen: Narr

KMK (Sekretariat der ständigen Konferenz der Kultusminister der Länder in der Bundesrepublik Deutschland) (Hrsg.) (2005): Bericht: Fremdsprachen in der Grundschule – Sachstand und Konzeptionen 2004: Beschluss der Kultusministerkonferenz vom 10.02.2005. o.O.

KRASHEN, STEPHEN D. (1982): *Principles and Practice in Second Language Acquisition and Second Language Learning.* Oxford/New York: Pergamon Press

KUBANEK-GERMAN, ANGELIKA (2000): Kindgemäßer Fremdsprachenunterricht. Teil 1 – Ideengeschichte. Münster: Waxmann

KVFF = Konferenz der Vorsitzenden Fachdidaktischer Fachgesellschaften (Hrsg.) (1998): Fachdidaktik in Forschung und Lehre. (Erhältlich beim

Institut für die Pädagogik der Naturwissenschaften an der Universität Kiel, Olshausenstr. 62, 24098 Kiel)

LEGUTKE, MICHAEL K./LORTZ, WALTRAUD (Hrsg.) (2002): Mein Sprachenportfolio. Frankfurt/M.: Diesterweg

LEGUTKE, MICHAEL K. (2006): Die Handpuppe als Partner – ein hilfreiches Medium im Unterricht. *Primary Englisch.* Die Fachbeilage des Grundschulmagazins Englisch 6, S. 8/9

LEWIS, MICHAEL (1993): *The Lexical Approach. The State of ELT and a Way forward.* Hove: Language Teaching Publications

LEWIS, GORDON/BEDSON, GÜNTHER (1999): *Games for Children.* Oxford: Oxford University Press

LIGHTBOWN, PATS M./SPADA, NINA (1999): *How Languages are Learned.* Revised Edition. Oxford: Oxford University Press

LURTZ, CAROLA (2006): *Cool Sketches.* Hueber: Ismaning

MARSCHOLLEK, ANDREAS (2007): ... und in Klasse 5? Erwartungen von Viertklässlern. In: *Primary English* 2, S. 35–37

MARTIN, BILL JR./CARLE, ERIC (2007): *Brown Bear, Brown Bear, What do you see?* 40th Anniversary Edition with CD. New York: Henry Holt and Company

MARTIN, RICHARD/KOCH, PETRA (2000): *The Strongest of them All. Tales and Music for Young Learners* (Video, CD, Lehrerheft). Berlin: Cornelsen

MARTIN, ISABEL (2002): Englische Gedichte und *chants* im Unterricht der Klassen 1 und 2. In: LEHNERT-ADLER, ILONA/WESSEL-SCHMIDT, CAROLYN/FRÖHLICH-WARD, LEONORA: IKURU – Unterrichtswerk für den früh beginnenden Englischunterricht. Handbuch für den Unterricht 2. Berlin: Cornelsen, S. 107–109

MINDT, DIETER (2008): Regelgeleitetes Lernen – Können Grundschulkinder im Englischunterricht Grammatik lernen? In: Grundschulmagazin Englisch – *The Primary English Magazine* 6 (2), S. 6–8

MINDT, DIETER/SCHLÜTER, NORBERT (2007): Ergebnisorientierter Englischunterricht: Für die Klassen 3 und 4. Berlin: Cornelsen Scriptor

MINDT, DIETER/WAGNER, GUDRUN (2007): Lernstand im Englischunterricht – Ermittlung und Bewertung – Für die Klassen 3 und 4. Berlin: Cornelsen Scriptor

MOURAO JONES, SANDIE (2006): Understanding and sharing: English storybook borrowing in Portuguese pre-schools. In: ENEVER, JANET/SCHMID-SCHÖNBEIN, GISELA (Hrsg.): *Picture Books and Young Learners of English.* München: Langenscheidt ELT, S. 49–58

NAIMAN, NEIL, et al. (1978): *The Good Language Learner. Research in Education Series* No.7. Ontario: The Ontario Institute for Studies in Education (Wiederauflage 1995)

NIEMANN, HEIDE (2002): Mit Bilderbüchern Englisch lernen. Seelze-Velber: Kallmeyer

NORDRHEIN-WESTFALEN (2003): Richtlinien und Lehrpläne zur Erprobung für die Grundschule in Nordrhein-Westfalen: Englisch. http://www.schul-welt.de/lp_online_file.asp?sessionid=3054-4768008-148481&file=2010.pdf&artikel=2010

PAUL, KORKY/THOMAS, VALERIE (1995): *Winnie the Witch. Edition for Learners of English.* Oxford: Oxford University Press

PAUL, KORKY/THOMAS, VALERIE (1999): *Winnie in Winter. Edition for Learners of English.* Oxford: Oxford University Press

PETERSEN, SUSANNE (2001): Rituale für kooperatives Lernen in der Grundschule. Berlin: Cornelsen Scriptor

PETILLIOT-BECKER, ILSE (2000): Lernen an Stationen in der Grundschule. Englisch: *Hello, my name is ...* . 2.–4. Schuljahr. Kopiervorlagen und Materialien. Mit CD. Berlin: Cornelsen Scriptor

PETILLIOT-BECKER, ILSE (2002): Lernen an Stationen in der Grundschule. Englisch: *Seasons* – Die Jahreszeiten. 2.–4. Schuljahr. Kopiervorlagen und Materialien. Mit CD. Berlin: Cornelsen Scriptor

PIEPHO, HANS-EBERHARD (1995a): *Pop Goes the Weasel.* Englisch in der Grundschule 3. Bochum: Kamp

PIEPHO, HANS-EBERHARD (1995b): *Pop Goes the Weasel.* Englisch in der Grundschule 3. Lehrerkommentar. Bochum: Kamp

PIEPHO, HANS-EBERHARD/GERNANDT-REUSS, ULRIKE (1995): *Pop Goes the Weasel.* Englisch in der Grundschule 4. Bochum: Kamp

PIEPHO, HANS-EBERHARD (1996): Englisch in der Grundschule. Bochum: Kamp

PIEPHO, HANS-EBERHARD (2000): Grundschulkinder zum Englischsprechen bringen. In: Grundschulunterricht 1, S. 43–45

PIEPHO, HANS-EBERHARD (2007): Narrative Dimensionen im Fremdsprachenunterricht. In: BÖRNER, OTFRIED/EDELHOFF, CHRISTOPH (Hrsg.): Braunschweig: Bildungshaus Schulbuchverlage

PISKE, THORSTEN (2007): Eine gute Aussprache ist doch nicht so wichtig! In: *Take off!* Zeitschrift für frühes Englischlernen 1, S. 45

PUCHTA, HERBERT/MUELLER-CARON, AMY (2001): *Primary Classroom English.* Ausdrücke und Phrasen für den Englischunterricht in der Grundschule. Leipzig: Klett Grundschulverlag

READ, CAROL (2007): *500 Activities for the Primary Classroom*. Oxford: Macmillan Education

REISENER, HELMUT (2005): *Rhymes and Poems in the Classroom* – Eine Textsammlung mit Aufgaben für die Schulstufen 3–6. Seelze-Velber: Kallmeyer

SAUER, HELMUT (1975): Diskriminationsvermögen im Primarschulalter. Untersuchungen zu Musikaltät und Sprecherwerb. In: Praxis des neusprachlichen Unterrichts 22, 3, S. 237–245

SAUER, HELMUT (1993): Fremdsprachlicher Frühbeginn in der Diskussion. Skizze einer historisch-systematischen Standortbestimmung. In: Neusprachliche Mitteilungen 46, 2, S. 85–94

SAUER, HELMUT (2000a): Frühes Fremdsprachenlernen in Grundschulen – ein Irrweg? In: Neusprachliche Mitteilungen 53/1, S. 2–7

SAUER, HELMUT (2000b): Fremdsprachenlernen in Grundschulen. Der Weg ins 21. Jahrhundert. Eine annotierte Bibliographie. Leipzig, Stuttgart, Düsseldorf: Ernst Klett Grundschulverlag

SAUER, HELMUT (2003): Englische Kinderreime. In: *Primary English* 2, S. 22–24

SAUER, HELMUT (2007): Neue Akzente setzen – Grammatik im Englischunterricht und Ergebnisorientierung. In: Grundschulmagazin Englisch – *The Primary English Magazine* 5 (6), S. 36/37

SCHLÜTER, NORBERT (Hrsg.) (2006): Fortschritte im Frühen Fremdsprachenlernen. Ausgewählte Tagungsbeiträge Weingarten 2004. Berlin: Cornelsen

SCHMID-SCHÖNBEIN, GISELA (1998): Anfangsunterricht. In: TIMM, JOHANNES-PETER (Hrsg.): Englisch lernen und lehren – Didaktik des Englischunterrichts. Cornelsen: Berlin, S. 110–126

SCHMID-SCHÖNBEIN, GISELA (2001): Didaktik: Grundschulenglisch. Studium kompakt. Berlin: Cornelsen

SCHMID-SCHÖNBEIN, GISELA (2007): Das Lehrwerk im früh beginnenden Englischunterricht – Form und Funktion des Leitmediums. In: KIEREPKA, ADELHEID/KLEIN, EBERHARD/KRÜGER, RENATE (Hrsg.): Fortschritte im frühen Fremdsprachenunterricht. Auf dem Weg zur Mehrsprachigkeit. Tübingen: Narr

SCHMID-SCHÖNBEIN, GISELA (2008): Der Elternabend – erwünscht und notwendig. In: CHRISTIANI, REINHOLD/CWIK, GABRIELE (Hrsg.): Englisch unterrichten in Klasse 1 und 2. Berlin: Cornelsen Scriptor, S. 148–153

SPIEWAK, MARTIN (2008): Macht die Schule stark!. Die Zeit Nr. 9, 21. Februar 2008, S. 33

STERN, H.H. (1967): *Foreign Languages in Primary Education – The Teaching of Foreign or Second Languages to Younger Children.* Oxford: Oxford University Press

TIMM, JOHANNES-PETER (Hrsg.)(1998): Englisch lernen und lehren – Didaktik des Englischunterrichts. Berlin: Cornelsen

TOASE, TINA/WEINREICH, INGRID (2004): *Welcome to our play. Nine sketches and plays around the year.* Oberursel: Finken

VOLLMUTH, ISABEL (2005): Frühbeginn in der Evaluation. Eine Schülerbefragung. In: *Primary English* 1, S. 36–38

WAGNER, GUDRUN (2008): Relevanz in der Grundschule? – Der Gemeinsame europäische Referenzrahmen für Sprachen. In: Grundschulmagazin Englisch – *The Primary English Magazine* 6 (3), S. 35–37

WILLIAMS, MICHAEL (1994): Motivation in Foreign and Second Language Learning: an Interactive Perspective". In: *Educational and Child Psychology* 11 (2), S. 77–84

WODE, HENNING, et al. (2002): Englisch durch bilinguale Kitas und Immersionsunterricht in der Grundschule: Erfahrungen aus der Praxis und Forschungsergebnisse. In: Voss, BERND/STAHLHEBER, EVA (Hrsg.): Fremdsprachen auf dem Prüfstand. Dokumentation zum 19. Kongress für Fremdsprachendidaktik der Deutschen Gesellschaft für Fremdsprachenforschung (DGFF), Dresden 2001. Berlin: Pädagogischer Zeitschriftenverlag, S. 139–149

WRIGHT, ANDREW (1995): *Storytelling with Children.* Oxford: Oxford University Press

WRIGHT, ANDREW (1997): *Creating Stories with Children.* Oxford: Oxford University Press

ZAADE, SARA (2003): Lernen mit fremdsprachlichen Büchern – *A Book Corner in the English Classroom.* In: *Primary English* – Die Fachzeitschrift für Englisch in der Grundschule 1 (3), S. 14/15

ZYDATISS, WOLFGANG (1999): Fremdsprachenlernen in der Primarstufe: Warum und mit welchem Sprachangebot? Überlegungen zum Berliner Projekt ‚Begegnung mit einer Fremdsprache ab Klasse 3'. In: Fremdsprachenunterricht 3, S. 196–201

Register

A

Abzählverse 78
Activity book 33, 84
Anglizismen 21–22, 137
Anschauungsmittel 98
Aptitude (for language learning) 28
Arbeitsblätter 76, 109
Amsterdamer Vertrag von 1997 (Artikel 149) 15
Auslandsaufenthalt 43, 64, 130, 143
Aussprache 84, 102, 118–119
-fehler 90
Qualität der 73
Awareness of Language *siehe* Language Awareness

B

Bausteine der Sprache 112
BBC 127–128
Bedeutungserschließung 98
Bedeutungsvermittlung 66, 68
Begabungsselbstbild 25–26
Behaviorismus 13, 137
Benotung 19, 111
Beobachtungsbögen 85, 112, 114
Big book 90
Bilinguale Grundschulen 35–36, 129
Binnendifferenzierung 84, 105, 137
Biological clock 13
British Council 127
Bücherecke 90–91

Built-in repetition 89
Bund-Länder-Kommission 49, 107

C

Caretaker speech 41–45, 142
Chants 76–79, 138
Chunks of language 66, 87–88, 137
Classroom language 84, 129, 133–135
CLIL *siehe* Content and Language Integrated Learning
Code-switching 33, 67, 82, 137
COMENIUS-Programm 64, 130
Common European Framework of Reference for Languages *siehe* Gemeinsamer Europäischer Referenzrahmen
Comprehensible input 41, 66, 92, 138
Computer literacy 106–106, 138
Content and Language Integrated Learning 35
Continuing staff developement 125
Council of Europe *siehe* Europarat
Cultural awareness 38, 45–47, 84, 139

D

Dialogpartner 68–70
Didaktik (des Fremdsprachen-Frühbeginns)
Definition 10
Differenzierung 56, 84, 105, 124, 137

Dossier 49, 107

E
Echomethode 40, 73–75, 119, 139
Einsatz der Muttersprache 65, 82
Einsprachigkeit 65. 95–96, 99
Eltern (Unterstützung der) 33–34, 125
Elternabend 33–34, 91
E-Mail 43, 106
E-mail-correspondence 33
Englisch als Erst- und Muttersprache 17
Englisch als Zweitsprache 17
English as a global language 42, 131
English book corner 87, 90–91
English folder 34
Erfolgserlebnisse 26, 32, 39, 122
Ergebnisorientierung 60–61
Error correction 127
Erwartungen der Kinder (ggü. dem weiterführenden Fremdsprachenunterricht) 121–122
ESP *siehe* Europäisches Sprachenportfolio
Ethnozentrik 46
Europäisches Sprachenportfolio 49, 107, 141
Europarat 46, 48–49, 107, 138, 143
Expansion 82, 139

F
Feedback 39, 81, 97, 109
Fehlerkorrektur 80–82
  implizite 82

Fehlertoleranz 80–82
Fertigkeiten (fremdsprachliche) 10, 48, 50, 55, 83–84, 112
Flashcard 59, 78, 99
Fortschritte im frühen Fremdsprachenlernen (Kongress) 131
Freiarbeit 29, 64, 102, 105
Freie Waldorfschulen 12, 140
Fremdsprachenlerner 21, 26–27, 44
Frühbeginn
  ab Klasse 1 18, 20
  ab Klasse 3 18, 39
  erste Hochphase 12–13

G
Gast in der Klasse 34
Gemeinsamer Europäischer Referenzrahmen 46, 48, 107, 123
Generatives Prinzip 66
GER *siehe* Gemeinsamer Europäischer Referenzrahmen
Gestik 70–73
Grundportfolio 49
Grundschule Englisch (Zeitschrift) 128
Grundschulmagazin Englisch – The Primary English Magazine (Zeitschrift) 128
Gruppenprojekte 101–103

H
Handlungskompetenz (fremdsprachliche) 60
Handpuppe 68–70, 84
Hörverstehen 52–53, 84–85

Hospitationen (wechselseitige) 123

I
IATEFL 131
IGLU 31–32
Information-gap acitivities 101
Input 40–41, 59, 66, 72, 81–82, 140
Inputprovider 40–41
Integrierte plurikulturelle Kompetenz 46
Intelligente Fehler 30, 36
Intelligenz 27
Intercultural education 47
Interferenzen 44, 54
Interkulturelle Kompetenz 47, 52, 140
Invented spelling 59

K
Kenntnisse (in der Fremdsprache) 63
Kinderbücher (englischsprachige) 85–91
Klang- und Schriftbild (Diskrepanzen) 23, 55–56
Klassenzusammensetzung (multikulturell) 45
Kompensationsstrategie 71
Kontinuität (des Lernens in der Sekundarschule) 35, 123
Koordinationskonferenzen 125
Körpersprache 70–73, 91, 111, 119
Kugellager 101–103, 118

L
Language-Awareness 23, 27, 38, 44–45, 82, 141
Laufzettel 103–104
Lautsymbol 74
Lehrerhandbuch 44, 83–84
Lehrkräfte (sprachlich und methodisch qualifizierte) 35, 47, 96
Lehrpläne 49–52, 55, 65–66, 83, 107, 123–125
Lehrwerke 54–56, 83–85, 106, 125, 136
Leistungsbewertung 111–112, 185
Leistungsfeststellung 85, 111–114
Leistungsmessung 13, 107, 111
Leistungsstudien 31
Leitmedium 83, 123
Lernen
 aktives, eigenständiges 28–29, 52
 als dynamischer Prozess 28
 erfolgreiches 28
 interkulturelles 33, 47, 52, 131
 an Stationen 29, 101–103
 für Europa 15–16, 42
Lernerleichterung 54–55
Lernerstrategien 111
Lernprozesse (gestörte) 25
Lernschwächere Kinder 28, 55, 101
Lernstandsermittlung 111–114
Lernstrategien 27, 28, 51, 111
Lernzielorientierung 123
Lernzuwachs 39

Lieder 76–79, 106, 122, 128
Lingua franca 17, 46, 141

M
Maastrichter Vertrag 15
Masterstudiengang (Didaktik des frühen Fremdsprachenlernens) 129–130
Message before accuracy 81, 141
Message board 56
Methodischer Dreierschritt 39
Migrationshintergrund (Kinder mit) 31–32, 45
Mimik 41, 53, 70–73, 91, 119
Mitteilungsfunktion 56
Motherese speech *siehe* caretaker speech

N
Native speaker 35, 42–43, 73, 84, 129
Networking 125
Niveaustufen (des GER) 48–52, 107, 138
Normalität
  der Unterschiede 24–25
  des Fremden 46–47, 140
Nursery rhyme 76–77, 142

O
Oops-Phasen 82, 88, 142
Operationalisierung 112
Optimum age hypothesis 13, 142
Overheadprojektor 99

P
Partnerarbeit 101–103, 105, 118, 124
Pattern drills 13, 142
Picture book 85–89, 118
Picture cards 99–100
Pisa 31, 123
Plastizität (des kindlichen Gehirns) 13
Plurikulturelle Sprache 46–47
Poetry for children 77
Portfolio 33, 107–114
Positive mind-set 37–38, 143
Praise and Encouragement (classroom language) 133–135
Progression (lernzielgeleitete, ergebnisorientiere) 83–84
Projektarbeit 101–103, 122
Projektergebnisse 125
Promotion of teacher co-operation 125
Pupil's book 33, 84

R
Real book 87, 89
Regelhaftigkeiten (der Fremdsprache) 28
Reime 75–79, 106, 110, 128
Requisiten 94, 96, 98–99
Richtlinien 20, 123
Rituale 25, 60, 84
Role play *siehe* Rollenspiel
Rollenspiel 23, 26, 38, 59, 93–97, 102

S
Sandwich-Technik 67, 143
Schatztruhe 108–109

School rhyme 77
Schriftbild 21, 23, 41, 53–56, 59, 63, 81, 99
Selbstkonzept 5, 39–43
Semantisierung 70–73, 98
Semantisierungsstrategie 111
Silent period 40, 72, 119, 144
Sonderhefte (für Leistungsermittlung) 85, 103, 112
Sound and word discrimination 53
Spiele 76–79
Sprachanalyse 27, 67
Sprachbewusstheit 44, 47, 51
Sprachenbiografie 49, 108
Sprachenpass 49, 107–108
Sprachenportfolio für die Grundschule 49, 107–109
Sprachenstreit 15
Spracherwerbsforschung 30
Sprachkompetenz
  der Lehrenden 47, 65, 73, 129
  der Lernenden 38, 121, 129
Sprachlernkompetenz 51
Sprachlernstrategien 51
Sprachliche Regelhaftigkeiten 27–28
Sprachproduktionshilfen 59
Story markers 89
Storytelling 26, 29, 53, 91–95, 115–118
Stufenübergreifende Kontinuität 51, 123
Synopse (Fremdsprachenbeginn ab Klasse 1) 20

T
Tageslichtprojektor 79
Take Off! Zeitschrift für frühes Englischlernen 129
Tandem-Teams 124
Teacher talking time 127
Teaching English to Young Learners (Mastergrad) 130
Testbögen 85, 114
TIMSS 31
Tolerance of ambiguity 26, 144
Total Physical Response 33, 40, 72, 144, 145
TPR *siehe* Total Physical Response

U
Uninhibited learners 73, 145
Unterrichtsbeispiel 115–120
Unterrichtsplanung 21, 83–84, 127
Unterrichtszeit 18, 101

V
Verarbeitungstiefe 29
Verbaler Kommentar 19, 111
Vermittlung (handlungsorientiert) 42–43, 48, 72, 95
Verstehensmethode 40, 72, 145
Vertrag von Amsterdam 15
Videoprotokolle 125
Visual literacy 87
Voiced/voiceless distinction 73, 145

W
Warming up 64, 115
Window of opportunity 24
Word cards 99–100
Wortschatz 52, 60–61, 78, 83–84, 93, 101, 118

Wortschatzeinführung 99, 117

Z
Zeitfaktor 65
Zielsprache 15, 34, 38, 46, 65, 95